André Biakowski wurde am 20. Juni 1980 in Halberstadt geboren und wuchs in Wernigerode auf. Nach seiner anfänglich sozialistisch geprägten Schulzeit, studierte er ab 1999 an der Freien Kunstakademie Nürtingen acht Semester Malerei. Nach dem Studienabschluss 2003 folgten eine dreijährige Ausbildung zum Werbekaufmann und der Einstieg ins Berufsleben als Abteilungsleiter für Marketing. Parallel engagierte sich A. Biakowski immer wieder in verschiedenen Institutionen im In- und Ausland und leitete ehrenamtlich umfangreiche Kommunikationsprojekte. 2009 erfolgte eine einjährige berufliche Auszeit in Łódź/Polen. In diesem Jahr betreute er Überlebende unterschiedlicher Ghettos sowie Konzentrationslager und schaute hinter die Kulisse deutsch-polnischer Geschichte. In seinem Erstlingswerk „Obiad – Mehr als nur Mittagessen" zeichnet A. Biakowski in zehn Briefen nicht nur ein subjektives Portrait des Landes Polen, sondern stellt die Menschen in den Vordergrund seiner eindrücklichen Beschreibungen, die ihm ohne Vorbehalte in unterschiedlichen Lebenslagen begegneten. A. Biakowski lebt heute in Reutlingen.

ANDRE BIAKOWSKI

OBIAD

MEHR ALS NUR MITTAGESSEN

ACABUS
Verlag

Biakowski, André: Obiad – Mehr als nur Mittagessen. Mein Jahr in Polen mit Überlebenden des Holocaust, Hamburg, ACABUS Verlag 2012

1. Auflage
ISBN: 978-3-86282-198-3

Dieses Buch ist auch als eBook erhältlich und kann über den Handel oder den Verlag bezogen werden.
PDF-eBook: ISBN 978-3-86282-199-0
ePub-eBook: ISBN 978-3-86282-200-3

Lektorat: Karina Woller, ACABUS Verlag
Umschlaggestaltung: André Biakowski
Illustration & Foto: Holger Fleck, Rainer Oßmann
Übersetzungen: Beata Szymiczek, Stanislaw Godomski

Der ACABUS Verlag ist ein Imprint der Diplomica Verlag GmbH, Hermannstal 119k, 22119 Hamburg.

Bibliografische Information der Deutschen Nationalbibliothek:
Die Deutsche Nationalbibliothek verzeichnet diese Publikation in der Deutschen Nationalbibliografie; detaillierte bibliografische Daten sind im Internet über http://dnb.d-nb.de abrufbar.

http://www.acabus-verlag.de
Printed in Europe

Für:
Marian Wach
Franciszek Ozurkiewicz
Tadeusz Banachowicz
Stanislaw Gwizdka

Dedykuję
Marianowi Wachowi,
Franciszkowi Ozurkiewiczowi,
Tadeuszowi Banachowiczowi,
oraz Stanislawowi Gwizdce
i poświęcam wszystkim byłym więźniom.

Vorwort

Seit fast 40 Jahren engagiert sich das Maximilian-Kolbe-Werk für die Überlebenden nationalsozialistischer Konzentrationslager und Ghettos in Polen und anderen Ländern Mittel- und Osteuropas. Heute leben noch rund 25000 ehemalige Häftlinge deutscher Lager. Viele von ihnen sind krank und pflegebedürftig. Sie leiden an den Spätfolgen ihrer Haft und an traumatischen Erinnerungen, die sie nicht selten auch heute noch bis in den Schlaf verfolgen. Das Maximilian-Kolbe-Werk setzt sich für die Überlebenden ein, unterstützt sie und hilft ihnen, ihren Alltag und ihren Lebensabend würdig zu gestalten.

Zu dieser Arbeit gehört auch der Dienst von jungen deutschen Freiwilligen. Zurzeit unterstützen junge Erwachsene aus Deutschland in den polnischen Städten Łódź, Danzig, Krakau, Lublin und Warschau die Arbeit des Maximilian-Kolbe-Werks.

Einer von ihnen war der Autor dieses Buches. Als „Jesuit European Volunteer" (JEV) arbeitete André Biakowski ab August 2009 für ein Jahr im „Sozialmedizinischen Zentrum Maksymilian Kolbe" des Maximilian-Kolbe-Werks im polnischen Łódź. Seit 1989 ist diese Einrichtung zum einen Mittelpunkt der Hilfe für die aktuell rund 300 KZ- und Ghettoüberlebenden in Stadt und Region Łódź mit fachärztlichen Sprechstunden, Physiotherapie, einem Essen-auf-Rädern-Dienst und Beratungs- und Betreuungsangeboten, zum anderen ist sie Zentrale für die Vermittlung von Hilfen für ganz Polen.

Mit damals 29 Jahren war der Autor bereits etwas älter als die anderen Freiwilligen, die meist nach dem Schulabschluss einen solchen Dienst antreten. Er entschied sich dafür, nach Polen zu gehen, um Menschen, die ein grausames Schicksal erlitten haben, zu helfen. Er begegnete den letzten noch lebenden Zeitzeugen des Unrechtssystems der Nazis.

André Biakowski ergriff die Chance dieser Begegnung im wahrsten Sinne mit Leib und Seele. Er verstand sein Jahr in Polen als Zeit, das Nachbarland besser zu verstehen und dessen Sprache – mühsam – zu erlernen. Vor allem öffnete er sich für die alten und hilfsbedürftigen Menschen, half ihnen und nahm zugleich deren Gastfreundschaft an.

Seine Eindrücke waren so stark und ergreifend, dass er sich dazu entschloss, sie aufzuschreiben, um andere daran teilhaben zu lassen. Sie berühren das Land und seine Sprache, die Menschen und ihr Schicksal, Fragen der Schuld und der belasteten Vergangenheit. Und in und zwischen den Zeilen kann man erfahren, was er aus all dem über das Leben gelernt hat.

Wolfgang Gerstner
Geschäftsführer des Maximilian-Kolbe-Werks
September 2012

Einleitung

„Obiad!“ – „Tak!“ Ein Summen. Die Wohnungstür springt auf. Der Geruch von feuchtem Putz und Reinigungsmittel liegt in der Luft. Im ersten Stock schreit ein Kind. Ein Mann in fleckiger Jacke kommt mir entgegen. Sagt etwas. Ich versteh' nichts. „Obiad, Obiad, Obiad“, brabble ich mich synchron zu meinen Schritten Stufe für Stufe die Treppe hinauf. Zweiter Stock, schaue auf das Klingelschild an der Tür. Kann den Namen vor lauter SZ- und CZ-Kombinationen nicht aussprechen. Zungenbrecher. Weiter – dritter Stock. In der Ecke eine leere Bierflasche. Etikett abgepult. Staub auf den ausgetretenen Holzstufen. Ihr Knarren suggeriert Nostalgie. Geschichte. Ein Damals.

„Obiad, Obiad“, geht es mir über die Lippen. Das „I“ vorm „A“ wird rund und mit jeder Wiederholung mehr und mehr ein „J“. Keine Ahnung, was das Wort bedeutet. Kriminologisch, ohne dafür wirkliches Talent zu besitzen, versuche ich mir „Obiad“ zu erschließen. Klingeln … „Obiad!“, das „Tak!“ aus der Sprechanlage, ein kurzes Summen, die Tür geht auf – logisch, es muss „öffnen“ heißen. „Open … Opien … Obian … Obiad“, moduliere ich das Wort aus dem Englischen so lange, bis ich im Polnischen bei „Obiad“ angekommen bin. Ganz klar „öffnen“. Imperativ. Ich bin mir sicher!

Mit einer impulsartigen Bewegung dreht die kleine faltige Hand einer Frau den Deckel des weißen Thermobehälters gegen den Uhrzeigersinn. Ihr Ehering verschiebt sich dabei und drückt sich an den benachbarten Mittelfinger. Die aufgebrachte Kraft zwingt sie, den rotgeschminkten Mund zu verziehen. Mit einem stöhnenden „Ah“ betrachtet sie ihr dampfendes Essen. Heute: Kartoffeln, Rote Beete und ein Stück Fleisch. Danach schraubt sie den Thermobehälter wieder zu, stellt ihn in der

Ecke ihrer Küche ab und gibt mir fürs Vorbeibringen eine Tafel Schokolade. Lächelt mich an und winkt mir beim Verlassen der Wohnung nach. Obiad muss irgendetwas mit Öffnen heißen!, geht es mir durch den Kopf.

Wenn man eine Sprache so wie ich nicht versteht, so reduziert sich die gesamte Umgebung auf Zeichen. Oft kleine. Solche, die schnell übersehen werden. Ich habe oft versucht, alltägliche Kleinigkeiten zu hinterfragen, und stellte fest, welche Komplexität hinter vielem Kleinen steckte. Die Menschen, die ich in Łódź in meinem Jahr als Freiwilliger betreute und denen ich dieses Buch aus tiefer Dankbarkeit widme, sind Überlebende aus unterschiedlichen Ghettos sowie Konzentrationslagern. Viele von ihnen sind heute wacklig auf den Beinen. Gehstock und Brille die Insignien ihres Alters. Die Wohnungen, in denen sie jeden herzlich willkommen heißen, sind kleine Museen ihrer Geschichte. Eine alte Tasse im Schrank, innen vom Tee schwärzlich verfärbt, beginnt etwas von einem Damals zu erzählen. Von einer Zeit, die ich nur als eine Auflistung auswendig zu lernender Fakten aus meinem Geschichtsbuch kenne. Steht man aber in ihren ‚Museen', so beginnen die Überlebenden zu erzählen. Ich verstehe nur Zischlaute und etwas mit ego. Doch ab und an fliegen einzelne Worte an mir vorbei, die mich auf den Inhalt schließen lassen: Höss ... Auschwitz ... Matka ... Dachau. Tränen füllen ihre Augen. Sie schlucken trocken, sind stark und sprechen weiter.

„Obiad" heißt nicht „öffnen". Nein, Mittagessen! Jeden Tag zwischen 10 und 14 Uhr ein Klingeln, eine Männerstimme an der Sprechanlage, „Obiad!", ein junger deutscher Mann, der zehn Minuten Zeit hat, lächelt, das Essen im Thermobehälter abstellt und sich etwas Zeit nimmt. Einer, der die Sprache nicht versteht und doch versucht, sie im Kleinen zu sprechen. Für viele der Überlebenden liegt in diesem Moment eine Verbindlichkeit. Der junge Mann kommt jeden Tag zu mir. Zehn Minuten nicht alleine. Abwechslung für einen Moment. Ich bin alt. Er ist jung. Ich habe Geschichte, er Zukunft.

Wenn ich heute, fast eineinhalb Jahre später, an meine Zeit in Łódź zurückdenke, so war ich von Anfang an mit der polnischen Sprache überfordert. Um mich herum verstanden sich alle, lachten, wurden traurig, ernst und ich wusste nie, warum. Ich war außen vor und konnte einfach nichts sagen. Verstehen Sie? Nichts. Nicht fragen, wann eine Straßenbahn fährt. Nicht fragen, wie spät es sei. Nichts, einfach Nichts – sprachlich im luftleeren Raum. Ich hoffte einfach, dass mir niemand eine Frage stellte, die ich nicht beantworten konnte. Ich war abhängig von Menschen, die sich meiner mit Geduld annahmen. Langsam sprachen. Jedes Wort wiederholten. Ania, Sekretärin im sozialmedizinischen Zentrum, sprach ganz gut Deutsch. So, wie man eine Fremdsprache halt spricht, wenn man nie für längere Zeit im jeweiligen Ausland gearbeitet hat. Judytha, Ordensschwester im Habit und Krankenschwester aus Leidenschaft, sprach fast perfekt Deutsch und übersetzte am Anfang alles. Doch hinter der Hilfsbereitschaft beider wollte ich mich nicht verstecken. Ich hätte es mir sehr leicht machen können. Nein, mir wurde klar: André, wenn du das Land und damit seine Geschichte und Kultur in Ansätzen verstehen willst, dann kaufe dir Karteikarten und lerne. Lerne jeden Tag die neuen Wörter. Sprich und mach' Fehler, aber versuch', Polnisch zu sprechen! Wie fange ich an? Zeit zum Lernen nur ein knappes Jahr.

Jeden Morgen fuhr ich mit Jurek, einem Mitarbeiter des Zentrums, zur Großküche, um die 20 – 25 Mittagessen abzuholen. „Obiad" für Menschen, Überlebende der NS-Diktatur, die sich, um ihr nacktes Leben zu schützen, in Ghettos versteckten und in den Konzentrationslagern wie Auschwitz, Dachau, Mauthausen, Ravensbrück und Groß-Rosen unter physischer und psychischer Folter als Kinder und Jugendliche um ihr Leben bangten.

Jeden Morgen fuhren Jurek und ich zu dieser Großküche, um das Mittagessen für die Essen-auf-Rädern-Tour durch Łódź abzuholen. 25 Portionen für Menschen, Zeitzeugen des Holocaust, Überlebende. Hinter jedem Namen stand eine Geschichte. Wie oft saßen in dieser Großküche die Kochlehrlinge im Stuhlkreis, in der Mitte ein großer Topf, und schälten im Kollektiv Kartoffeln.

Um möglichst schnell die Worte zu lernen, die ich auch brauchte, hatte ich eine Idee. Jeden Morgen fragte ich Pan Andrzej, den Chefkoch einer Lodzer Großküche, was es denn heute zum Essen gäbe. Naja, ich fragte eher: „Was ist das?" – weiter reichte mein Polnisch nicht – und deutete in den großen Topf. Sofort flog mir ein Bataillon von unbekannten Wörtern um die Ohren, von denen ich weder wusste, wo sie anfingen, noch wo das einzelne zu Ende war. Überforderung pur! Ich bat Jurek, die Geduld in Person, mir die Wörter auf meine kleinen Karteikärtchen zu schreiben. In Großbuchstaben schrieb er auf jedes Kärtchen exakt nur ein Wort. Vorderseite „Kapusta" und auf der Rückseite die von mir mühsam rausgesuchte Übersetzung aus dem Wörterbuch: „Kraut". So machten wir es mit allen Sachen, die es an dem jeweiligen Tag zu essen gab. Ziemnacki – Kartoffel. Mięso – Fleisch. Sos – Soße. Während der ganzen Essen-auf-Rädern-Touren im alten, grünen VW-Bus versuchte ich die Wörter in meinen Kopf zu hämmern. Ich brabbelte sie immer und immer wieder vor mich hin. Jurek am Steuer grinste nur und hob den Daumen, wenn ich eines besonders gut aussprach. Was hieß gleich noch mal Kartoffel? Ziemnia, oder so! Ich schwitzte. Mein Kopf schien einfach nur Platz für drei Wörter zu haben. Ich wiederholte und wiederholte, doch je intensiver ich diese lernte, desto weniger schien ich mir irgendeines merken zu können.

Jurek deutet auf einen Hauseingang. Zeigt die Zahl Drei mit Daumen, Zeige- und Mittelfinger. Klingeln bei Wohnung Drei. Soweit ganz gut. Verstanden! „Obiad!", sage ich selbstbewusst in die Sprechanlage an der Haustür. „Tak!" Ein Summen, die Wohnungstür springt auf. Der Geruch von feuchtem Putz und Reinigungsmittel liegt in der Luft. Im ersten Stock schreit ein Kind. Freundlich öffnet mir eine Frau mit rotgeschminkten Lippen die Tür und nimmt mir den Thermobehälter ab. „Guten Tag!", äh nein, „Dzień dobry!" sage ich an der Türschwelle und strecke ihr meine Hand zum Gruß freundlich entgegen. Sie, in der Wohnung stehend, zieht ihre zurück. Ich versteh' die Situation nicht ganz und kann auch nicht fragen. Bin irritiert. Erst viel später sollte ich verstehen, dass das Handreichen über eine Türschwelle Unglück bringen soll. Aberglaube oder nicht? Hier in Polen ein Stück Mentalität.

Mit einer impulsartigen Bewegung dreht die Frau mit den roten Lippen den Deckel des Thermobehälters gegen den Uhrzeigersinn, öffnet ihn und schaut hinein. Ich versuche schwitzend den Inhalt meiner heutigen Karteikarten wie bei einer Prüfung aufzusagen. „To Ziemniaki, to Mięso, to jest Sos!" Sie richtet ihre Augen vom Thermos erstaunt zu mir auf und strahlt mich an. Ich lächle herzlich zurück! Stolz, polnisch gesprochen zu haben und verstanden worden zu sein, gehe ich zurück zu Jurek. Verschanzt hinter einer Lodzer Tageszeitung öffnet er mir die Beifahrertür und startet den Motor. Weiter geht's zur nächsten Adresse. Noch 23 Mittagessen. 23 kleine Vokabeltests. Dann sollten die Wörter von heute sitzen.

Essen und Sprache scheinen mir der Schlüssel zu den Menschen zu sein. Nahrung die Lebensgrundlage und Worte, um allem einen definierten Namen zu geben – Nahrung für den Geist. Doch Sprache hat Grenzen. Kann nicht alles benennen. Es gibt Bereiche, da zwingt eine Ungeheuerlichkeit Worte zum Schweigen. Entmachtet diese. Eisige Kälte macht sich dann breit. Diese Kälte der Stille spürte ich immer dann, wenn mir Menschen von ihrer Kindheit sowie den Morden an ihrer Familie unter den Deutschen in den Jahren zwischen '39 und '45 erzählten. Nie als Vorwurf. Berichtend, um nie zu vergessen.

Neben meinen Essen-auf-Rädern-Touren durch Łódź mit Jurek, besuchte ich Menschen, die mir erzählen wollten. Von einer Kindheit zwischen Holzschaukel im Apfelbaum und den Deportationen. Niemand von ihnen erzählte mir Privates als Vorwurf oder um mich anzuklagen. Ihre zitternden Hände gaben mir oft alte, vergilbte Briefe. „Lesen Sie!", so die immer gleiche Bitte. Eisige Stille. Ich las. Post an Vater und Mutter. Geschrieben in deutscher Sprache. Kinderhandschrift. Jeder Buchstabe sauber mit einem Bogen miteinander verbunden. Absender: Auschwitz, Dachau oder eine andere Hölle. Zeilen geschwärzt. Zensur. Beschwichtigungen in die Heimat, um nur irgendwie ein Lebenszeichen senden zu können. Immer wieder die gleichen Sätze: „Macht Euch keine Sorgen. Es geht mir gut. Ich habe Essen und Arbeit!" Wut, Scham und tiefe Trauer stiegen in mir auf. Schwer wogen die Briefe in mir. Die historische Realität hinter den kindlichen Zeilen sowie die apokalyptischen Orte, von denen aus mit Hoffnung auf ein Wiedersehen der eigenen Mutter geschrieben wurde, machten mich im wohlbeheizten Wohnzimmer emotional zum Schuldigen. Ich schämte mich für ein Volk, das die Arroganz besaß, sich als ‚Herrenrasse' zu bezeichnen, und dessen Sprache ich als Muttersprache spreche. Je mehr ich von den alten Menschen erfuhr, desto mehr wuchs in mir der Wunsch, von ihnen zu lernen. Alles, was sie sagten, saugte ich wie ein Schwamm auf. Je weniger die Menschen mit Worten sprachen, desto mehr erzählten sie und desto mehr verstand ich ihre Geschichte. In der Stille. Mit dem Herzen. Aus tiefen Begegnungen wurden Freundschaften. Sie luden mich aufs Land ins Haus ihrer Kinder oder Enkel ein. Wir aßen gegrillte Griebenwurst mit Brot in der Hollywoodschaukel und ich versuchte Witze auf Polnisch zu übersetzen.

Die Eindrücke in meinem Jahr waren so intensiv, dass ich begann diese aufzuschreiben. Begann, meinen Fragen einen muttersprachlichen Raum zu geben. Es entstanden Rundbriefe an Freunde, Bekannte und Verwandte. Briefe, in denen ich versuchte, meine Begegnungen und Fragen unter einem Oberthema zusammenzufassen. Skizzierte sprachlich. Sei es auf meiner Winterrundreise durch Polen, am Krankenbett eines alten Mannes, im ehemaligen Ghetto von Łódź (Litzmannstadt), auf dem jüdischen Friedhof oder in der Synagoge.

Jeder Ort schien mir Fragen zu stellen. Nicht alle konnte ich schriftlich fixieren, doch die zehn vorliegenden Briefe, die nun zu diesem Buch zusammengefasst wurden, sind mir die wichtigsten. Zehn Briefe, zehn Skizzen von einer Stadt, von einem Land und von Menschen, für die „Obiad“ mehr bedeutet als nur Mittagessen.

Wstęp

„Obiad" – „Tak". Skrzypnięcie otwieranych drzwi. Czuć mieszaninę środków czystości w powietrzu. Na pierwszym piętrze słychać krzyk dziecka. Jakiś mężczyzna w poplamionej kurtce kieruje się w moja stronę. Coś do mnie mówi, ja nic nie rozumiem. „Obiad, Obiad, Obiad!", pełznę mozolnie krok po kroku, stopień po stopniu. Patrząc na tabliczkę z nazwiskiem na drzwiach, przeżywam kolejny szok. Nie mogę wymówić tych wszystkich połączeń z SZ i CZ, można sobie przy tym języku połamać. Dalej, trzecie piętro. W rogu jakaś pusta butelka po piwie z oderwaną etykietką. Wysłużone drewniane schody pokryte są kurzem. Każde ich skrzypniecie kojarzy się z nostalgia, historią z przed wielu lat.

„Obiad, Obiad" wyszeptują moje usta. To I przed A zaokrągla się powoli i za każdą powtórką przekształca się coraz bardziej w J. Nie mam pojęcia, co znaczy te słowo. Próbuję, bez wielkiego talentu wytłumaczyć sobie te słowo „Obiad". Dzwonek … Obiad … odpowiedz „TAK!" … drzwi się otwierają … logicznie myśląc to słowo oznacza z pewnością: otwierać. „Open … Opien … Obian … Obiad", składam to słowo, próbując powiązań w j. angielskim, tak długo, aż dochodzę do polskiego słowa Obiad. Oczywiście „otwierać". Tryb rozkazujący. Jestem tego pewny.

Mała, pomarszczona, kobieca dłoń, odkręca impulsywnie, zgodnie z ruchem zegara, zakrętkę białego termosu. Obrączka na jej palcu przesuwa się, przyciskając się do palca wskazującego. Na jej czerwonych ustach, pojawia się grymas. Przyglądając się swojemu, parującemu daniu, wydaje okrzyk „Ach". Ziemniaki, buraczki i porcja mięsa. Kobieta zakręca termos, odstawia go na bok i przechodząc uśmiechnięta obok mnie, częstuje mnie tabliczką czekolady. Opuszczając mieszkanie, macha do mnie na pożegnanie. W mojej głowie budzi się pewność – obiad to znaczy otwierać.

Nieznajomość języka powoduje, że całe otoczenie redukuje się najczęściej do znaków. Małych znaków, często niezauważalnych. Zaczynamy obserwować, żeby zrozumieć musimy się otworzyć, narażając się jednocześnie na zranienie.

Dopytując się znaczenia drobnostek, dochodziłem często do wniosku jaka różnorodność wyjaśnień kryje się za nimi. Podczas mojego rocznego pobytu jako wolontariusz w Łodzi, opiekowałem się ludźmi, którzy przeżyli Getto lub obóz koncentracyjny. Tę książkę poświęcam właśnie tym ludziom, jako wyraz mojej ogromnej wdzięczności. Laska i okulary to wizytówka tych ludzi, ich mieszkania, w których serdecznie przyjmują gości, są miejscami ich osobistych wspomnień. Stara filiżanka , zafarbowana śladami herbaty, opowiada o tamtych czasach. O czasach, które znam tyko jako chronologiczne daty z podręcznika historii. Stojąc w tych mieszkaniach, ma się wrażenie jakby otwierał się tamten, inny świat. Rozumiem tylko przeciągle wymawiane spółgłoski i coś z tego. Od czasu do czasu wyławiam poszczególne słowa, próbując je złożyć w całość. Höss… Oświęcim… Matka… Dachau. Łzy pojawiają się w ich oczach, z trudem przełykając ślinę, dzielnie opowiadają dalej. To słowo na drzwiach „Obiad" musi znaczyć „otwierać".

Nie, „Obiad" to nie „otwierać". Nie, to znaczy „posiłek". Codziennie, miedzy 10.00 a 14.00 godz. rozbrzmiewa dzwonek: męski głos mówiący przez domofon „Obiad", młody, niemiecki mężczyzna mający 10 minut czasu. Uśmiechając się, stawia posiłek w termosach. Nie rozumiejący języka i pomimo tego próbujący nawiązać rozmowę w miniaturowym rozmiarze. Dla wielu ten moment wiąże się z poczuciem obowiązku. Ten młody mężczyzna przychodzi do mnie codziennie, ja przez 10 minut nie jestem sam. Szara codzienność zanika w tym momencie. Ja jestem stary, on jest młody. Moje bogactwo to przeszłość, on ma przed sobą przyszłość.

Dzisiaj, jak wspominam mój półtoraroczny pobyt w Łodzi, to od pierwszej chwili byłem przerażony polską mową. Wszyscy wokół mnie, rozumieli się, śmiali się, byli smutni lub poważni, a ja nie wiedziałem dlaczego. Ja byłem gdzieś poza, po prostu nic nie potrafiłem powiedzieć. Rozumie Pan? Nic. Nie pytać, kiedy przyjedzie tramwaj, nie pytać, która jest godzina. Nic po prostu nic. Językowo, jak w pomieszczeniu bez powietrza, z nadzieją, że nikt się o nic nie spyta, bo i tak nie potrafiłem odpowiedzieć. Byłem uzależniony od otaczających mnie ludzi, obdarzonych niesamowitą cierpliwością. Mówili powoli, powtarzając każde słowo. Pracowałem jako wolontariusz w Centrum Opieki Socjalnej im. Maksymiliana Kolbego. Ania, sekretarka, całkiem dobrze mówiła po niemiecku. Tak jak się mówi w obcym języku, w którego kraju prawie wcale się nie przebywało. Judyta, siostra zakonna w habicie i zarazem pielęgniarka z powołania, władała prawie perfekcyjnie językiem niemieckim, tłumacząc na początku wszystko, tak żeby było dla mnie zrozumiałe. Ale ja nie chciałem, pod osłoną nieznajomości polskiego języka, ułatwiać sobie mojej sytuacji w Łodzi. Myślę, że przyczyniło się do tego przede wszystkim, następujące zdanie, do mnie skierowane: „André, jeśli chociaż w minimalnym stopniu chcesz poznać ten kraj, jego kulturę i historię, to ucz się, kup sobie karty do nauki języka polskiego! Ucz się każdego dnia nowych słów. Mów po polsku i popełniaj błędy, ale tylko mów!" Jak mam zacząć? Mam wrażenie że potrzebuję wszystkich słów teraz i w tym momencie. Na naukę mam tylko 1 rok.

Każdego ranka jeździłem z Jurkiem, pracownikiem centrum socjalno-medycznego, po odbiór 20-25 posiłków z centralnej kuchni. Obiad dla tych co przeżyli, dla ludzi, którzy dla ocalenia własnego życia, ukrywali się w gettach, dla ludzi torturowanych, walczących o przeżycie jako dzieci i młodzież w obozach koncentracyjnych Oświęcim, Dachau, Mauthausen, Ravensbrück, Gross Rosen.

Wpadłem na pomysł, jak najszybciej przyswoić sobie polskie słowa, których będę potrzebował. Codziennie zadawałem szefowi kuchni Panu Andrzejowi, następujące pytanie: „Co będzie dziś na obiad?", O.K., pytałem go po prostu: „Co to jest?" Wskazując na duży garnek.

Roznoszenie ludziom obiadów, było dla mnie czymś szczególnym. Była to okazja do krótkich rozmów i im częściej je przynosiłem, to także do nawiązywania znajomosci i przyjaźni.

Menschen das Mittagessen (Obiad) zu bringen, war für mich etwas ganz Besonderes. Kurze Konversationen entstanden und aus ihnen, je öfter ich das Mittagessen vorbeibrachte, mehr und mehr Beziehungen. Freundschaften.

Tyle na ile mogłem powiedzieć cokolwiek po polsku. Pan Andrzej w odpowiedzi zasypywał mnie lawiną nieznajomych dla moich uszu słów. Słów w których nie rozpoznawałem ani początku ani końca. To było za dużo dla mnie. Poprosiłem więc Jurka, by napisał mi polskie słowa na kartkach. Na każdej kartce wypisywał mi drukowanymi literami pojedyncze słowa. Na wierzchu widniało słowo kapusta, a na odwrocie mozolnie wyszukane przeze mnie słowo ze słownika „Kraut". Robiliśmy tak codziennie ze słowami, związanymi z danym posiłkiem. Podczas podroży samochodem rozwożącym posiłki, próbowałem te słowa wbijać sobie do głowy. Powtarzałem je bezustannie. Za każdym razem, gdy wymówiłem poprawnie jakieś słowo, Jurek siedząc za kierownica uśmiechał się z satysfakcją podnosząc w zadowoleniu kciuk do góry. „Jeszcze raz, jak nazywały się Kartoffeln? Ziemnia … lub coś takiego …" Pocę się niemiłosiernie, mam wrażenie że moja pamięć może pomieścić najwyżej trzy słowa. Powtarzałem i powtarzałem i dochodziłem do wniosku, że im intensywniej się uczę, tym mniej słów zapamiętuję.

Jurek wskazuje na główne wejście i pokazuje na palcach liczbę trzy. Dzwonić do mieszkania numer trzy. Tyle nawet zrozumiałem! „Obiad!" wymówiłem dumnie do domofonu. Tak! Wizjer się poruszył i drzwi się otworzyły. Mieszanina środków czystości uderzyła mnie w nozdrza. Na pierwszym piętrze słychać krzyk dziecka. Uśmiechnięta kobieta z pomalowanymi na czerwono ustami, stoi w progu i odbiera termos z obiadem. „Guten Tag" ach nie „Dzień dobry", stojąc na progu wyciągnąłem przyjacielsko dłoń na powitanie. Kobieta się nie porusza, nie wyciąga dłoni. Nie rozumiem tej sytuacji, nie mogę się też spytać, jestem kompletnie zdezorientowany. Dopiero dużo później dowiedziałem sie, że przywitanie (tzn. podanie sobie dłoni) w progu mieszkania przynosi nieszczęście. Zabobon, czy nie? Tak po prostu jest. Kobieta otwiera zamaszyście zakrętkę termosu zgodnie z ruchem wskazówek zegara i zagląda do środka. W napięciu jak na egzaminie wyliczam poszczególne składniki obiadu, które zapisałem sobie kartkach. Kobieta podnosi wzrok i promienieje z radością. Chyba zdałem egzamin i nagła lawina słów zalewa radośnie moje uszy. Nic nie rozumiem. Nie radzę sobie z tym atakiem obcych mi spółgłosek. Odpowiadam przyjacielsko uśmiechem. Dumny z tego, że mówiłem po polsku i z tego, że zostałem zrozumiany kieruje się w stronę samochodu. Jurek z ukrytą twarzą za łódzką gazetą, otwiera mi drzwi i zapala silnik. Ruszamy dalej do następnych 23 adresów i 23 małych testów z polskimi słówkami.

Powoli zdawałem sobie sprawę, że jedyną drogą nawiązania znajomości z tymi ludźmi, były posiłki i nauka języka. Posiłek jako podstawa egzystencji, słowa służące opisowi. Powstaje kultura, historia nabiera kształtów i język umożliwia komunikację. Ale słowa też mają granicę. Są momenty, kiedy coś nie pozwala wymówić ani słowa, kiedy zmuszeni jesteśmy do milczenia. Niesamowity chłód otacza nas. Ten chłód odczuwam często podczas opowiadania tych starszych ludzi: o dzieciństwie, morderstwie dokonanych na rodzinach przez Niemców. Nigdy jako wyrzuty. Nie, jak rodzaj sprawozdania. Po to, żeby nigdy nie zapomniano. Nie potrzeba rozumieć języka, by zrozumieć ten ból. Wystarczy spojrzenie, respekt, milczenie, mówić nie używając slow. Cisza w tych momentach, mówiła wszystko za siebie.

Oprócz moich podroży z Jurkiem, samochodem rozwożącym posiłki po Łodzi, odwiedzałem też ludzi, którzy opowiadali o sobie i swoich przeżyciach, o dzieciństwie na drewnianej huśtawce, zawieszonej miedzy jabłoniami i o własnej deportacji. Żadna z tych historii nie zawierała wyrzutów doszukując się ofiary. Nie, oni wszyscy wiedzieli, że wielu rzeczy nie mogłem po prostu wiedzieć. Byłem za młody. Jak często podawały mi ich dłonie, stare, pożółkłe listy z prośbą o przeczytanie. Natychmiastowe uczucie chłodu. Zacząłem czytać listy skierowane do rodziców, pisane w języku niemieckim. Listy pisane dziecięca ręką, starannie połączone litery, adres nadawcy to Oświęcim, Dachau lub jakieś inne piekło. Sczerniale słowa. Cenzura. Listy, jako znak życia, listy jako cel uśpienia niepewności. Serce mi krwawi, przy czytaniu tych słów: Nie martwcie sie, u mnie wszystko w porządku, mam co jeść, pracuję. Przeszywa mnie ból, gdy patrzę na listy ze swastyką i czarną wroną. Odczuwam wściekłość, wstyd i ogromny smutek. Listy które czytałem, głęboko utkwiły mi w pamięci. Czuje się winny, te dziecięce listy, pisane do rodziców, z apokaliptycznych miejsc, z nadzieją na rychłe spotkanie. Wstydziłem się! Wstydziłem się za mój kraj i ludzi nazywających się dumnie, „Rasą panów", za ludzi w których języku ja też mówiłem. Wstydziłem się śmiertelnie. Im więcej słuchałem tych co przetrwali, tym bardziej rosło we mnie uczucie, żeby się od nich uczyć. Wszytko to, co mówili i robili, wchłaniałem jak gąbka. Czujnie czekałem, by wyłowić z rozmów znane mi słowa. Im mniej było słów w ich opowiadaniach, tym bardziej rozumiałem, cisza, słuchałem sercem. Dzięki tym bliskim spotkaniom, nawiązałem również przyjaźnie. Byłem zapraszany na wieś, do domów ich dzieci i wnuków. Siedząc tam na huśtawce, smakując kaszankę z chlebem, próbowałem tłumaczyć dowcipy na polski. To właśnie tam, na tych rodzinnych spotkaniach, postawiłem też pierwszego pasjansa. Spożywaliśmy razem obiad.

Moje przeżycia podczas tego roku były tak emocjonujące, że zacząłem pisać. Słowa zaczynały nabierać kształtów. Powstały listy, listy do przyjaciół, znajomych i krewnych, w których próbowałem opisać moje przeżycia i pytania, związane z moim pobytem w Polsce. Zacząłem pisać, obojętnie czy to była moja zimowa podroż po Polsce, czy obecność przy starszym, schorowanym, leżącym w łóżku starszym człowieku, czy wizyta w byłym getto w Łodzi, żydowski cmentarz, czy synagoga. Wydawało mi sie, że każde z tych miejsc zasypywało mnie pytaniami. Nie wszystkie udało mi się przelać na papier, ale 10 listów, tych najważniejszych dla mnie, stanowi esencję mojej książki. 10 listów, 10 opowiadań, o mieście i kraju, w którym słowo obiad, oznacza więcej niż tylko obiad.

„Geschichte ist, was die Menschen glauben; was sie glauben, vermitteln ihnen die Medien; mit historischer Wahrheit hat das allerdings meist nicht viel zu tun."

(Süddeutsche Zeitung vom 15.01.1996)

Hallo ihr Lieben,

jetzt bin ich schon einen ganzen Monat in Łódź und denke, es ist an der Zeit, einfach mal einen Brief über das bisher Erlebte, die Begegnungen sowie die Fragen, die sich mir bei der Arbeit stellen, zu schreiben. Als erstes: Es geht mir richtig gut!

Łódź, meine Heimat auf Zeit, zeichnet sich durch alles aus, was eine europäische sowie westlich orientierte Stadt zu bieten hat: riesige, überbeleuchtete Einkaufspassagen, Parks, das Wechselspiel von engen Gassen und großen Plätzen. Eine gewisse Interkulturalität. Alte Industriebauten im Klinkerrot oder im kommunistisch-verrauchten Grau der Zeit. Doch wer aufmerksam durch diese Stadt läuft, atmet noch eine andere Luft. Litzmannstadt, die Geschichte eines Ghettos.

Das Ghetto Litzmannstadt, benannt nach dem deutschen General Karl Litzmann (1850 – 1936), war eines der größten und am längsten existierenden Ghettos des gesamten Dritten Reiches. Anfänglich als Zwischen- und Auffanglager von Himmler gegründet, wurde es schnell durch den Vorsitzenden des Ältestenrates der Juden, Mordechai Chaim Rumkowski (1877 – 1944), zum klassischen Arbeitslager. Es ist wichtig, diesen historischen Hintergrund zu kennen, will man in Łódź, wie ich, für ein Jahr leben und Zeitzeugen begegnen.

Hauptsächlich umfasst meine Arbeit als Freiwilliger im sozialmedizinischen Zentrum des Maximilian-Kolbe-Werkes die Essen-auf-Rädern-Touren mit Jurek sowie Besuchsdienste. Unsere Touren sind Touren zu alten und gebrechlichen Menschen. Alle sind Überlebende unterschiedlicher Ghettos sowie Konzentrationslager. Wenn ich klingle und „Obiad!“ sage, ohne zu wissen, was das Wort eigentlich bedeutet, so ist es mehr als nur das Öffnen der Haustür und ein Abgeben von Mittagessen. Für viele der alten Menschen ist es ein verlässlicher, vielschichtiger

Kontakt. Ich möchte drei Aspekte dieser Begegnungen etwas näher beleuchten. Der erste ist sofort sichtbar – das Abgeben von Mittagessen. Die gebrechlichen Menschen können teilweise nicht mehr selbst kochen und sind somit auf das Essen-auf-Rädern angewiesen. Sie warten jeden Tag auf das Klingeln an der Haustür. Gefragt, wie in Deutschland, wer denn an der Tür sei, wird nicht. Kurzes Summen, und man steht vor der Wohnungstür im Hausflur. Genau an dieser Stelle beginnt für mich der zweite Aspekt: die Gegenwart der Menschen mit ihren ganz persönlichen Geschichten. Ich kann leider noch nicht gut genug Polnisch, und so bleiben die meisten Berichte über ihre erschütternden Erlebnisse mit *den* Deutschen in der NS-Zeit für mich etwas emotional Bedrückendes und nur zu Erahnendes. Wenn ich mich vorstelle, sage, dass ich aus der Region Stuttgart komme, und frage, wo sie herkommen, wo sie geboren sind, so ist oft ihre Antwort eine Aufzählung von Konzentrationslagern. Sie sagen nicht, wo sie als Kinder spielten, wo sie geboren wurden. Nein, ihr Deutsch reduziert sich auf das Aufsagen der eintätowierten Nummer auf dem eigenen Unterarm. Der harte Klang der deutschen Sprache ist wie ein Schlag der Geschichte in meinen Ohren. Ein Stich. Tränen pumpen sich in meine Augen. Es ist meine Pflicht, ihre Sprache zu lernen. Sie sollen in ihrer Sprache sprechen, keine Kompromisse für mich machen müssen.

Ein Mann berichtete mir, dass er als 10-Jähriger von deutschen Soldaten aus einer fahrenden Bahn geworfen wurde, weil er polnisch sprach. Ich will die Menschen nicht idealisieren, doch es braucht nicht viel, dass sie ihr Herz öffnen. Ein kleines „Jak sie pan/pani ma?" – „Wie geht es Ihnen?", und ein Lächeln zeichnet sich bei allen Gebrechen in ihren Gesichtern ab. Augen werden glasig. Ich erinnere mich besonders an zwei Bemerkungen, am Rande gesprochen, die mir zu Herzen gingen. Ich fragte eine Frau in einfachstem Polnisch, ob sie das Essen heute mögen würde. Sie gab mir auf Deutsch zur Antwort:

„Alles immer gut!“ Wie hat sie das gemeint? Meinte sie wirklich das von mir gebrachte Mittagessen im Thermobehälter? Oder war das Gesagte ein Zeichen der Dankbarkeit? Eine Art Wertschätzung dem Essen als Solchem gegenüber?

Ein anderer Mann im 17. Stock fragt immer, ob draußen schönes Wetter sei und welchen Monat wir denn eigentlich hätten. Seine Welt scheint nur noch, bedingt durch die Angst, dass seine Frau während seiner Abwesenheit in der Wohnung stürzen könnte, durch die eigenen vier Wände beschrieben zu werden. Ist es Tragik oder Rührung, was diese beiden Menschen miteinander verbindet? Mir steht keine Bewertung zu und doch beschäftigt es mich.

Der dritte Aspekt ist für mich das Dasein. Das sich Einlassen, ohne gleich sprachlich verstehen zu wollen. Dem Jetzt in der Stille Raum geben. Die größte Herausforderung dabei: der Blick in tränengefüllte Augen. Einem Schluchzen nichts tröstlich erwidern zu können. Oft können die Überlebenden aus unterschiedlichen Ghettos sowie Konzentrationslagern ihren Schmerz kaum in Worte fassen: „Es war einfach nur schrecklich!“, bricht es aus ihnen heraus. Danach Stille. Eisig. Sekunden des Nichtssagens werden zur Ewigkeit.

Die Wohnungen der Meisten sind einfach eingerichtet und wirken auf mich etwas museal. Museal nicht im Sinne von erklärend oder überblickgebend – keine kleinen Papierschilder hinter Plexiglas mit Erläuterungen –, sondern eher als eine Ansammlung von Gegenständen, collagenartig, auf denen teilweise schwer der Staub der Geschichte liegt. Die Sprache der Wohnungen ist eine von Bescheidenheit. Wertschätzung mit auffälliger Sorgfalt. Diese zeigt sich am deutlichsten in den kleinen Dingen und Gesten der Menschen. Die Art und Weise, wie viele der Überlebenden zum Gruß deine Hand drücken, wie sie achtsam den Thermobehälter mit dem Essen öffnen, um zu sehen, was es heute für Suppe gibt. Wie sie behutsam einen

Topf aus dem Schrank nehmen und ihn auf den Herd stellen, dich mit einem ehrlichen Lächeln verabschieden und sich auf ein Morgen freuen können. Alles scheint in ihren Wohnungen, in ihrem Wesen, eine Bedeutung, eine ganz eigene Geschichte zu haben. Ich bin fremd in diesen Wohnungen. Ein gewollter Eindringling.

Und wie wohne ich? Hier in Łódź? In der ehemaligen DDR würde man zu dem Block, in dem ich wohne, Platte sagen. Ich wohne am Rande der Stadt. Fünfter Stock. Balkon zum Park. Vierzimmerwohnung. Wohngemeinschaft mit David und Vitus. Beide arbeiten wie ich als Freiwillige in Łódź. Die Ausstattung meines Zimmers ist der Inhalt zweier Koffer. Wenige Erinnerungsstücke an die ‚Heimat'. Bücher stehen sauber im Regal. Gelesen die wenigsten.

Jurek, mit dem ich das Essen zu den Leuten ausfahre, hat mit meinen ersten polnischen Gehversuchen unendlich viel Geduld. Er wiederholt die Zungenbrecher, also jedes zweite Wort, immer und immer wieder. Ich versuche, so viel wie möglich Polnisch zu sprechen, doch die Sprache ist einfach zu schwer. Kannst du zwei Worte, so sagen alle: „Du kannst schon gut Polnisch, in einem Monat wirst du fast alles verstehen!" Ist der Monat vorbei, so sagen sie: „In drei Monaten wirst du flüssig sprechen!" Nach drei Monaten heißt es dann: „Nach einem Jahr wird keiner merken, dass du aus Deutschland kommst!" Wie soll das gehen? Ich kann mir die Wörter einfach nicht merken. Alle scheinen gleich zu klingen. „Bla bla-ego. Psschisch tak." Ich werde diese Sprache, glaub' ich, nie lernen. Immer wieder schlage ich die gleichen Wörter nach. Abends, wenn ich in meinem Zimmer müde ins Bett falle, scheinen sich alle in meinem Kopf zu einem Einheitswortbrei zu vermengen.

Ania ist eine typische Polin. Sekretärin. Ihr „Czesc! – Hallo!" ist gewinnend. Jeden Morgen, wenn ich das sozialmedizinische Zentrum des Maximilian-Kolbe-Werkes betrete, fragt sie mich, ob ich gut geschlafen hätte und wie es mir gehe.

Ich weiß nicht genau, wie viele Karteikärtchen Jurek mir auf unseren Essen-auf-Rädern-Touren mit neuen Worten beschrieb. Doch diese merkte ich mir irgendwie leichter. Heute könnte ich immer noch sagen, an welcher Hausecke oder Straßenkreuzung ich welches neue Wort von ihm lernte.

Verstanden habe ich das natürlich am Anfang nicht, und so beantwortete ich diese Frage mit einem notorischen „Tak", also „Ja!".

Schwester Ewa und Judytha arbeiteten mich mit unglaublicher Geduld in den Bereich der Besuchsdienste ein. Stellten mich liebevollen Menschen vor und übersetzten oft, was denn eigentlich gemeint war.

An dieser Stelle muss ich einen ganz besonderen Menschen vorstellen. Einen Mann. Er ist sicher schon über 90. Bettlägerig. Hört sehr schlecht. Es dauert eine ganze Weile, bis eine Frage zu ihm durchdringt. Er war der Erste, der mir nicht gleich aufzählte, welche Konzentrationslager er überlebte. Das machte mich stutzig. Was sagt man bei einer ersten Begegnung mit einem bettlägerigen, alten Mann, der scheinbar nichts sagt und dich einfach nur anschaut? Mit welcher inneren Haltung tritt man an ihn heran? Mit Mitleid für seine Situation oder mit Einfühlungsvermögen? Wie sieht hier Professionalität aus? Ich bin ich geblieben. Habe meine Polnischkenntnisse zusammengekratzt und versucht, erste Sätze zu bilden. Ich versuchte ihn zu fragen, wie es ihm gehe. Wer die Personen auf den Bildern an seinen Zimmerwänden seien. Ob er etwas trinken möge. Hunger habe. Er schaute nur. Müde Blicke streiften träge durch den Raum. Es war für mich ungewohnt, die faltige, weichledrige Hand eines alten Mannes zu halten, um damit zu zeigen, ich bin da. Bei dir. Ich habe Zeit. Irgendwie spürte er das. Es gefiel ihm. Er begann langsam auf Deutsch und Englisch mit mir zu sprechen. Wort für Wort. Sätze in Zeitlupe. Immer wieder brach sein Sprechen mitten im Satz ab und er schlief ein. Zu schwer waren seine Augen. Oft, ja, sehr oft erwischte ich mich in meiner eigenen Ungeduld. Dauerte mir doch die Beantwortung meiner Frage viel zu lange. Durch diese Besuche bei ihm lernte ich, was es heißt, sich Zeit zu nehmen und nicht nur da zu sein. Noch nie habe ich einen solchen Geist – einen so überzeugenden Willen – in einem so lebensmüden Körper gesehen. Es sind für mich ergreifende Momente, wenn sein ihm viel zu schwerer Kopf sich zur Seite dreht und seine zitternde Hand langsam nach dem Bettgitter greift. Seine glasigen Blicke sich zu mir aufrichten und unsere Blicke sich treffen. „Du hast jetzt Polnisch gesprochen!", sagt er plötzlich, und ein Lächeln zeichnet sich in seinen tränigen Augen ab. Was haben sie alles gesehen? Wer ist vor ihnen alles gestorben? In wen haben sie sich verliebt? Seine wenigen, langsamen, suchenden Worte rühren mich an.

Neulich war ich wieder bei ihm und habe meine kleinen Karteikärtchen zum Lernen dabei gehabt. Er fragte mich: „Co to jest ogród po niemiecko?" – „Was heißt ‚ogród' auf Deutsch?" „Garten!", antwortete ich und dachte mir, warum lerne ich nicht auf diese Weise Vokabeln? Jedes Wort, das er mir so auf Polnisch in Zeitlupe beibrachte, sagte ich ihm auf Deutsch. Es funktionierte! Viele Worte verbinde ich heute mit ihm.

Liebe Grüße
Euer André

„Zu der Zeit, als Gott den Mensch nach seinem Ebenbild erschuf, berief er eine himmlische Vollversammlung ein. All' seine Spitzenengel sollten teilnehmen, denn Gott legte Wert auf ihre Meinung wegen einer sehr schwierigen und dringenden Angelegenheit. Gott dachte nämlich darüber nach, den Menschen das Geheimnis des Lebens mitzuteilen, und er wollte wissen, wo er dieses kostbare Geschenk verbergen sollte, so dass es nur schwer zu finden sein würde und nur von denjenigen, für die es wirklich bestimmt wäre. Ein Engel dachte daran, es tief in der See zu versenken, ein anderer meinte, man sollte es in den Tiefen der Höhlen der Erde verbergen. Ein dritter schlug vor, es nahe dem Himmel auf der Spitze des höchsten Berges zu verstecken. Aber ein vierter Engel machte einen ganz anderen Vorschlag: „Nein", sagte er, „die Menschheit ist eine trickreiche Brut, irgendjemand wird bestimmt in die tiefste See hinabtauchen, irgendjemand wird hinuntersteigen in die Eingeweide der Erde, irgendjemand wird den höchsten Berg erklimmen. Wir sollten dieses Geheimnis an einem Ort verbergen, wo kein Mensch nachschauen würde, noch nicht mal im Traum – direkt in ihm selbst." Gott nickte zustimmend, und so geschah es."

(Unbekannter Verfasser)

Hallo ihr Lieben,

draußen ist es kalt, und das Fenster meines Zimmers trotzdem leicht angekippt. Wie soll ich anfangen, damit Ihr mich verstehen könnt? Damit ich meinen Gedanken nicht erliege, habe ich meinen Brief unter das Motto ‚Einfacher Lebensstil' gestellt.

Einleitend muss ich fragen: Was würde es denn in der heutigen Zeit bedeuten, einfach zu leben? Gerade jetzt in der Adventszeit – Ankunftszeit – mache ich mir so meine Gedanken und stelle fest, wie leicht der Mensch dazu neigt, das Komplizierte und nicht das Einfache zu definieren. Er will denken, analysieren, wissen und stellt fest, dass er eigentlich nichts weiß und scheitert an der Magie eines kleinen Kindes. Für mich liegt in diesen Gedanken der erste Erklärungsansatz für das ‚einfache' und zugleich das komplizierteste irdische Phänomen begründet – das eigene Leben. Eine vermeintlich banalere Form des Seins als das Leben scheint es nicht zu geben. Leben ist doch selbstverständlich. Oder? Man tut es halt. Sekunde für Sekunde, Tag für Tag und Jahr für Jahr. Ich mach' mir kaum Gedanken darüber, was es heißt zu leben. Eher aber darüber, was ich alles erreichen will. Stelle ich mir mein bisheriges Leben als Film vor, so wäre ich als ‚Titelheld' schon einige Male gestorben. Es gab Momente, in denen es für mich nicht so richtig weitergehen wollte: Stagnation statt Zukunftsvisionen. Ein unerfüllter Job. Eine Trennung, die mir das Herz zerriss. Glaubte damals, einen Teil von mir absterben zu spüren. Doch auf unerklärliche Art und Weise ging es immer weiter. Helfende Menschen begegneten mir, und eine ungeahnte Tür öffnete sich in etwas Neues hinein. Ich glaube, das Geheimnis meines Lebens liegt irgendwo zwischen mir und meinen tausend Ideen, mit denen ich mir oft selbst ein Bein stelle. Stolpere. Falle.

Wenn ich nun dieses Leben als geschenkt oder einfach als seiend annehme, stellt sich die entscheidende Frage: Was fange ich mit diesem an? Ich habe mich entschieden, als Freiwilliger für ein Jahr in Łódź zu leben und zu arbeiten. Ein Jahr anders leben, wie es so schön auf einem Werbebanner meiner Entsendeorganisation der Jesuit European Volunteers (JEV) heißt. Eine Grundlinie von JEV lautet: Einfacher Lebensstil. Bedeutet er Verzicht? Bedeutet er für mich die Aufgabe meiner gewohnten Lebensweise? Darf ich keine Schokolade mehr essen? Fastenzeit für ein Jahr? Einfacher Lebensstil, aus zwei Wörtern bestehend. Wie ist das „Einfach" gemeint? Im Sinne von leicht? Banal? Unkompliziert? Fokussiert oder reduziert? In meinem Leben bewerte ich nur wenig aus sich selbst heraus. Ich vergleiche mich und alles ständig. Wie leben andere? Wie ich? Immer mit latent neidischem Unterton. Wenn ich hier nun in Łódź diesem bisherigen Gedankenmuster treu bleibe, so stelle ich auf einmal fest, wie gut es mir eigentlich geht. Stelle fest, wie wenig materielle Armut mit geistigem Reichtum zu tun hat! Es sind meist nur kleine Gesten, die mir dies veranschaulichen. Die sensible, wertschätzende Art und Weise eines Gespräches. Das behutsame Aufgießen eines Teebeutels in einer abgestoßenen Tasse mit kochendem Wasser. Die unglaubliche Gastfreundschaft, meist beginnend mit einem Lächeln. Woher nehmen die Überlebenden nach der ganzen Zeit des Schreckens diese Freundlichkeit, diese Kraft fürs Lachen? Sie haben für ihr eigenes Leben oft einen sehr hohen Preis gezahlt: Ermordung der eigenen Familie, Verschleppung, Germanisierung, Arbeitslager usw. Ich bin mir sicher, sie haben die tiefsten Abgründe menschlichen Daseins gesehen. Und heute steht Jahrzehnte später ein 29-jähriger, deutscher Mann in der Tür und will Überlebende besuchen. Ein Deutscher? Ich würde ihn nicht reinlassen. Wäre vermutlich verbittert. Misstrauisch allen Fremden gegenüber. Es ist schwer zu beschreiben, wie ich mich in Begegnungen mit ihnen fühle. Schäme mich zutiefst, für das, was damals Millionen von Menschen angetan wurde. Die Qualen. Bestialische Erniedrigungen. Morde. Die Menschen, die heute von damals berichten, waren Kinder. Spielten hüpfend auf den Straßen und dann …? Auschwitz! Ravensbrück! „… ab da war ich eine Nummer …“, sagte eine Frau zu mir schmerzlich treffend. Eine Nummer. Eine Zahlenkombination, die aus einem Individuum eine kalkulierbare und verbuchbare Größe machte. Einen Rohstoff. Ohne Würde. Ohne Recht auf Selbstbestimmung und Leben.

Ich würde mich so gerne bei den Überlebenden entschuldigen. Doch ich kann es nicht. Niemand kann das. Kein Willy Brandt. Niemand! Es bleibt nur die Trauer und das Aushalten. Viele der Überlebenden haben eine unglaubliche, charakterliche Stärke. Einen weiten Geist, der ehrlich ist. Klar und wach. Sie wissen, ich bin zu jung, um Schuldgefühle zu tragen, und schweigen mit mir in ein gegenseitiges Verstehen hinein.

Begrüßt von einem Hund, wohl dem schönsten in ganz Polen, besuchte ich neulich einen Mann. Seine Stärke fiel mir sofort auf. Selbst nicht mehr in der Lage, sich eine Hose anzuziehen, saß er mit T-Shirt und Boxershorts im monochromen Kaffeebraun bekleidet in seinem Thron, einem alten, gepolsterten Stuhl. Blickte geradeaus und ließ, um seinen Hund zu streicheln, den rechten Arm schlaff, kraftlos über die hölzerne Lehne baumeln. Trotzdem schien alles an diesem Mann Format zu haben. Die Art, wie er in den Raum blickte. Die Sequenz, in der seine rechte Augenbraue zuckte. Die Sensibilität, mit der er den Hund streichelte und dabei seinen Blick nicht von mir abwandte. Er war Anwalt in Libyen. Damals. An der Haustür steht noch ‚Advokat‘. Alles in seiner Wohnung hatte eine gewisse Präzision. Die Bilder an der Wand sowie die Fotos im nostalgisch-vergilbten Schwarz-Weiß in der schweren Eichenholzvitrine dokumentieren Früheres. Zakopane 1968 im Schnee. Der runde Esstisch im Wohnzimmer eingedeckt mit poliertem Silberbesteck. In der Mitte eine Blumenvase aus Bleikristall. Sein Polnisch klang für mich, im Gegensatz zu seinen

Worten auf Deutsch, melancholisch. Sprach er deutsch, so hätte ich lieber, er würde polnisch sprechen, und doch kam es mir so vor, als wenn er über das bemühte Sprechen in Deutsch mir ein Fenster aufschob, um mich in seine Geschichte blicken zu lassen. Intonation im Stakkato.

Im militärischen Ton und mit Tränen in den Augen sprach er vom Konzentrationslager. Stockt, muss schlucken, braucht zwei, drei Minuten – seinen Hund immer noch streichelnd – und spricht weiter: „Wir hatten nichts als uns. Und das Leben? Ja, das ist uns geblieben. Wissen Sie, vom Leben werden Sie nicht satt, wenn der Hunger sich meldet. Sie können sich das nicht vorstellen." Nein, das kann ich nicht! Ich frage mich, was müssen das für Menschen gewesen sein, die einen so lieben, tiefsinnigen Mann schlugen, ihm eine Nummer eintätowierten und quälten. Woher nahm ein Mensch nur das Recht, sich über andere zu erheben? Sie zu kategorisieren? Es ist alles so unbegreiflich für mich!

Die gute Seele des Hauses, seine Frau, kümmert sich liebevoll um alles. Kocht, wäscht, versorgt, hält Ordnung und liebt ihren gebrechlichen Mann. Ihre Liebe zeigt sich in der Art, wie sie ihn stützt, ihm unter die Arme greift, Schritt für Schritt an seiner Seite bleibt, bis er langsam, den festen, sicheren Boden unter seinen Füßen suchend, aus seinem Thron im Flur im Wohnzimmer angekommen ist. Welch' ein Wille nach Selbstständigkeit steckt in jedem einzelnen seiner Schritte? Welche Kraft und zugleich das Realisieren des eigenen körperlichen Abbaus. Würde seine Frau von seiner Seite weichen, so stürzte er. Schon seit Jahren pflegt sie ihn, hilft ihm auf die Toilette und erträgt das Herrische. Wenn ich beide so sehe, möchte ich fragen, was haben sie erlebt, das sie so zusammengeschweißt hat. Die Art, wie sie miteinander umgehen, ist anrührend. Beide im Geiste verschmolzen, nicht besitzend, sondern stützend auf den Anderen. Sie legt ihre Hand auf seine Schulter, und er blickt liebevoll aus seinem Stuhl im Wohnzimmer zu ihr auf.

Eine Liebe, die nicht nur zu sehen ist, nein, ich spüre sie zwischen beiden. Beide leben sicher nicht einen Lebensstil, der mit einfach zu beschreiben wäre, doch sie leben und werden nicht, wie ich so oft, vom Alltag gelebt. Ihr ganzes Sein verkörpert für mich eine ungemeine Ehrlichkeit. Nichts scheint inszeniert, auf einen Zweck abzielend. Erstaunlich, wie viel ich von ihnen in der Begegnung lernen kann. Sie lehren mich vieles über das Leben. Nicht didaktisch, prüfend, ermahnend. Nein! Vielleicht haben beide tief in sich selbst hineingeschaut, und, wie im einleitenden Zitat meines Rundbriefes an Euch, das vom Engel versteckte Geheimnis des Lebens entdeckt. Ich realisiere gerade, wie beschränkt die deutsche Sprache in diesem Zusammenhang ist. Ich kann es nicht in Worte fassen. Entschuldigung!

Ich muss Euch von einer zweiten Begegnung erzählen. Mit dem Vorsatz, endlich die Ferse meiner angefangenen Socke fertig zu bekommen, saß ich strickend in der Tram in Richtung der Gedenkstätte Radegast.[1] Übrigens: Ich stricke gern! Angekommen bei meinen ‚Leutchen', wie ich etwas flapsig zu sagen pflege, überrollte mich ein Schwall der Herzlichkeit. Ein Schwall wie der einer Mutter, die sehnsüchtig auf den Besuch ihres Kindes gewartet hatte.

Die Jacke noch nicht ganz ausgezogen, folgte schon die Frage nach Tee oder Kaffee. Rührkuchenstücke wurden sternförmig auf einem kleinen, weißen Teller mit geometrischer Genauigkeit drapiert. Pfirsiche aus der Dose serviert. Jetzt hatte ich keine Wahl mehr und trank meinen dritten Kaffee an diesem Tag. Kaffee heißt in Polen zwei Esslöffel normales Kaffeepulver mit kochendem Wasser in einer Tasse aufgegossen. Au-

1 **Kommentar:** Vom Bahnhof Radegast oder Radogoszcz aus wurden in den Jahren 1942 bis 1944 mehr als 150.000 Juden, Sinti und Roma in die Konzentrationslager Kulmhof und Auschwitz deportiert.
Vgl. Andrea Löw: Juden im Ghetto Litzmannstadt – Lebensbedingungen, Selbstwahrnehmung, Verhalten, Wallenstein Göttingen 2006, S. 76

genöffner statt ‚Bodensehkaffee'. Genau beäugt, ob mir der Kuchen auch schmecken würde, schauten mich zwei strahlende Gesichter an. Er mit parallelen Stirnfalten und sie mit frisch ondulierten Haaren. Ein ‚Ich-kann-nicht-mehr' schienen beide für meine Art von Bescheidenheit zu halten, und so gab es den vierten Kaffee und noch ein Stück Rührkuchen. Wir redeten polnisch, so gut ich es verstand, und der Mann legte mir einen Zeitungsartikel von 1953 vor. Fragte mich, ob mir nicht etwas auffallen würde. Abgedruckt war die Totenliste eines Konzentrationslagers. Nein, mir fiel nichts auf. Als er mir aber die eintätowierte Nummer auf seinem Unterarm zeigte, und ich diese mit denen in der Zeitung verglich, verstand ich, dass vor mir ein Mann in seinem Sessel saß, der eigentlich dokumentarisch gesehen tot sein sollte! Ich kann nicht beschreiben, wie es mir in diesem Moment ging. Ich war so froh, dass er nicht hingerichtet wurde und ich mit ihm und seiner Frau Kaffee trinken konnte. Meine Socke? An die habe ich schon lange nicht mehr gedacht, obwohl die Frau richtig gut stricken kann.

Was haben diese Erlebnisse mit meiner Ausgangsüberlegung zum Einfachen Lebensstil zu tun? Ich denke, in beiden Fällen wurde sich darauf besonnen, was wirklich wichtig ist. Der eigene Mann, der nicht mehr gehen kann. Das eigene Leben, welches in der Zeitung als beendet deklariert wurde. Ich glaube, mit Einfachem Lebensstil ist eine gewisse Ehrlichkeit dem eigenen Selbst und dem Mitmensch gegenüber gemeint. Was macht mein Leben aus? Auf welche Wertvorstellungen baue ich? Was in meinem Leben ist Kosmetik, Projektion, schlichtweg unnötig?

Liebe Grüße
Euer André

Die Reise

André Biakowski

Wohin wird Dich die Reise führen?
Und wem wirst Du in Dir begegnen?
An wessen Herzen wirst Du rühren?
Und wen mit Deiner Freundschaft segnen?

Die Reise sagt's Dir.
Hör nur hin.

Hallo ihr Lieben,

Ihr werdet Euch fragen, wie ist es in Polen? Bisher bestanden meine ersten Erfahrungen nur aus dem Kontext Łódż und einer Wochenendreise nach Krakau. Zu wenig, um eine erste Aussage über ein Land machen zu können. Es wäre so, wie wenn eine polnische Familie ihren Sohn, der ein Jahr in Deutschland lebt, das Gleiche fragen würde, und er zur Beantwortung nur seine Umgebung in Berlin hätte. Also hieß es den Rucksack packen. Neun Reise-Skizzen entstanden.

Skizze N° 1
- Heute geht's los -

Der unliebsame Klingelton meines Handys wirft mich aus meinem Bett. Heute, am 19. Dezember 2009, geht's los! Rucksack packen. Hemden vom Wäscheständer abnehmen. Den dicken Pullover unten oder oben in den Rucksack? Ach, und die kleinen Karteikärtchen zum Polnisch lernen?

Es ist doch bei mir immer dasselbe. In freudiger Erwartung auf die bevorstehende Reise früh aufgestanden, aus dem Bett gequält, kosten mich die tausend Kleinigkeiten, wie heißen Tee in die Thermoskanne füllen, so viel Zeit, dass ich am Ende im Stechschritt zur Tramhaltestelle haste. Wie früh muss ich noch aufstehen, um mal nicht rennen zu müssen?

Kaum in der Tram sitzend, betrat ein junger Mann, vielleicht 22 Jahre alt, den Waggon, schob seine Karte in den Entwerter am Haltegriff, kurzer Piepton, zog seinen Ausweis aus der Tasche und verlangte meine Fahrkarten. Andere Fahrgäste kontrollierte er nicht. Auf meine in touristischem Polnisch gestellte Frage, warum er denn nur mich kontrolliert hätte, entgegnete er: „Ich kontrolliere nur Touristen, da ist die Wahrscheinlichkeit größer, dass sie kein gültiges Ticket haben!" Mein Rucksack hatte mich verraten.

Skizze N° 2

- Ich bin geschieden. Meine Frau hat jetzt einen Anderen. -

Endlich sitzen! Reserviert hatte ich nicht. Der Zug setzt sich mit einem Ruck in Richtung Wrocław (Breslau) in Bewegung. Fast schon chronisch muss ich, sobald der Zug rollt, etwas essen, und so krame ich aus den Tiefen der grasgrünen Carrefourtüte aus Juteimitat eine Scheibe Brot. Dazu schneide ich mir auf meinem Oberschenkel zwei dicke Scheiben Salami runter. Luftgetrocknet. Werde kurz aus dem Augenwinkel eines Mitreisenden im Abteil beäugt. Flüchtig nur, und schon gilt seine Aufmerksamkeit wieder der unscharf vorbeiziehenden Landschaft hinter der zerkratzten Fensterscheibe. Ich beginne den Mann zu studieren. Auf dem kleinen Klapptischchen über dem meist viel zu kleinen Mülleimer am Fenster liegen genau drei Sachen sauber übereinandergestapelt: ein Buch mit allen Zugverbindungen für ganz Polen, darauf ein gefaltetes Herrentaschentuch sowie seine Brille. Ein älteres Modell. Vermutlich gehört er zu den Menschen, die eine Brille eher funktional als kosmetisch betrachten. Das braune Plastik an den Bügeln ist etwas durch den Schweiß angegriffen. Sie liegt auf den Gläsern. Setzt er sie auf, um in seinem Fahrplanbuch zu lesen, wandelt sich sein Gesicht. Mit ihr auf der Nase wirkt er reflektierend, aber auch ein bisschen autoritär. Nicht streng.

Plötzlich, der Zug stoppt und fährt kurze Zeit später in Schrittgeschwindigkeit weiter und hält wieder an. Ich warte. Meine Finger spielen die Partitur meiner Ungeduld auf den Knien.

„Willst du auch nach Wrocław?", fragt der Mann in meinem Abteil.

„Ja. Wissen Sie, was los ist?“, frage ich, und eröffne damit ein für mich ungeahntes Gespräch. Synchron zur Kopfdrehung setzt der Mitfahrer in meinem Abteil seine Brille ab, schlägt sein Buch zu und stellt sich vor: „Roman!“ Erste Lektion aus dem Polnischkurs ist gefragt, und so weiß ich, was zu sagen ist. Nachdem er nun meinen Namen weiß, stelle ich meine, ich gestehe etwas neugierige, Frage, ob er nach Hause oder zur Arbeit fährt. Letzteres erscheint mir etwas unwahrscheinlich, da heute Samstag ist, aber vielleicht arbeitet er ja in der Gastronomie, so mein Gedanke.

„Nein, ich habe mich von meiner Frau scheiden lassen. Sie hat jetzt einen anderen Mann. So habe ich jetzt mehr Zeit für mich. Kann reisen, wenn auch nur kurz. Am Montag geht die Arbeit wieder los. Bin Koch.“ Na, da lag ich ja mit Gastronomie goldrichtig. Koch! Ich krame in meiner Proviantttüte und ziehe einen Christstollen hervor. Butterweich gleitet mein rotes Schweizer Taschenmesser, die Klinge viel zu kurz, durch den Stollen. Puderzucker krümelt auf den Boden, und mit einer Mischung aus Irritation und freudiger Verwunderung nimmt Roman ein Stück. Weihnachten wird er wohl dieses Jahr nicht feiern, wenn ich seinen Unterton hinsichtlich seiner Scheidung richtig gedeutet habe. Sicher wird er sich an die schönen Stunden mit seiner Frau erinnern. Endlich, mit einer Stunde Verspätung, erreiche ich mein erstes Ziel. Wrocław. Es ist kalt.

Skizze N° 3

- Wo bekomme ich lange Unterhosen her? -

Das ist er also, der polnische Winter? Trinke aus meiner Thermoskanne einen Schluck dampfenden Tee. Kälte schlägt mir ins Gesicht. Ich friere! Bereits vor meiner Polenrundreise hatte ich Kontakt mit Pater Marian Arndt per E-Mail aufgenommen. Er ist Franziskanerpater und Leiter der deutschsprachigen katholischen Gemeinde in Wrocław. Ohne mich je gesehen zu haben freut er sich auf meinen Besuch.

Warum kann man hier am Bahnhof keine Abfahrtstafeln für die Tram aufstellen? Ich suche und suche. Friere. Meine Ohren! Holzbuden auf dem Vorplatz lassen das Bild vom dampfenden Glühwein in mir aufsteigen. In ihren Auslagen Felle. Mützen. Kaufe mir eine Czapka mit Schaffellfutter. Erst zahlen dann aufsetzen! Sofort beginnen meine Ohren zu glühen und dann finde ich auch noch die richtige Tram. Ist alles nur eine Frage der Durchblutung. Im Kopf. Scheppernd geht es quer durch die Stadt. Die Fenster von innen gefroren. Irgendwann dann nach einer halben Ewigkeit bei Minusgraden in der Tram meine Haltestelle. Stadtrand und noch zehn Minuten zu Fuß. Bis zum Kloster. Jeder Atemzug sticht tief in der Lunge. Ziehe meinen Schal bis zum Nasenbein hoch. Egal wie ich jetzt aussehe. Häuser ziehen in Zeitlupe an mir vorbei. Ich kann nicht schneller laufen und wäre am liebsten schon da. Klinkerbau. Idylle im polnischen Rot-Weiß. Hier muss es sein.

Muss ich wirklich zum Anklopfen meine Handschuhe ausziehen? Ja, leider! Im Inneren des Klosters scheint niemand mein Klopfen zu hören. Erneuter Versuch. Schritte. Ein Pater öffnet die Pforte einen Spalt und schaut mich fragend an. Was sag' ich? Eh' ich mein Polnisch zum Satz zusammengestottert habe, winkt er mich lächelnd herein. Er spricht nur Polnisch. Verstehe nur wenig und laufe ihm einfach nach. Im Stechschritt geht es durch die gotischen Flügel des Klosters. Plötzlich bleibt er vor einem Zimmer stehen und drückt mir mit dem gleichen Lächeln wie an der Klosterpforte einen Schlüssel in die Hand. Mein Zimmer! Liebe Eiszeit, ich habe dich überstanden. Ätsch!

Endlich im Warmen! Mein erster Blick geht suchend zum Wasserkocher. Zweiter in die kleine Schachtel mit Teebeuteln. Super! Früchtetee. Fünf Minuten warten. Ein Klick und schon stürzt sich dampfendes Wasser in meine Tasse. Kurz ziehen lassen. Vorsichtig die ersten Schlucke.

Ich mag keine Mützen! Doch der polnische Winter zwang mich dies ganz schnell zu ändern. Bei minus 25 Grad beißt die Kälte nicht mehr, sie schneidet wie tausend Rasierklingen. Die Lösung: eine Czapka mit Schaffellfutter. Die Bauern verkaufen diese Mützen in Polen auf fast jedem Markt. So liebe Kälte, dann streng dich mal an!

Meine Finger sind von der Kälte steif. Alles kribbelt wie tausend Nadelstiche.

Nach dem Auftauen meines Inneren durch Früchtetee und einer dicken Scheibe luftgetrockneter Salami aus meinem Proviantbeutel, ein erster Gang in die Stadt. Ich weiß nicht, wann ich das letzte Mal auf einem Weihnachtsmarkt war. Alles scheint es hier in Wrocław zu geben. Lokales Handwerk, Waffeln, Thüringer Würstchen und Glühwein. Hier, mitten in Polen. Doch am meisten bin ich von den großen, vitrinenartigen Glaskästen angetan, in denen Grimms Märchen mit sich bewegenden Puppen dargestellt werden. Rotkäppchen, Aschenputtel und Dornröschen. In meiner Kindheit, in der damaligen DDR, waren Märchenverfilmungen der DEFA fürs Kino und Fernsehen sehr populär. Kindheitserinnerungen steigen auf. Sehe mich förmlich mit fünf oder sechs Jahren kindlich staunen, und das hier in Wrocław bei -16°C. Die Kälte findet einfach immer einen Weg! Ich als notorischer ‚Handschuh-nicht-Möger' trage sie doch und verschleiere mich mit meinem Schal nomadenartig. Der eisigkalte Stoff meiner Hosenbeine legt sich bei jedem Schritt auf meine Oberschenkel. Jede freie Körperstelle wird sofort von der kalten Luft attackiert. Auch drei Paar Socken schützen nicht zufriedenstellend vor der Kälte. Und so suche ich nach einer Möglichkeit zum Aufwärmen. Meine Wahl fällt auf die Einkaufspassage Galeria. Ich friere noch immer. Wo bekomme ich hier lange Unterhosen her? Was heißt bitte Unterhose auf Polnisch? „Buchsy"? Keine Ahnung. Galeria hat keine, und für Damenleggins friere ich noch nicht genug. Es ist verhext, lange Unterhosen scheinen in Polen nicht so populär zu sein, als dass diese in einem Konfektionsgeschäft käuflich zu erwerben wären. In Łódż habe ich solche auf dem Rynek Bałuty (Markt vom Stadtteil Bałuty) schon gesehen. Dort verkauften ältere Frauen sie öfters aus Bananenkisten heraus. Stände wie in Deutschland gibt es in Łódż nicht. Egal, ob es regnet oder schneit, oder wie hier in Wrocław eisigkalt ist, die ‚Unterhosen- und Sockenfrauen' von Łódż sind immer auf dem Rynek. Resigniert verlasse ich ohne lange Unterhose das Einkaufszentrum Galeria. Es ist bereits dunkel.

Skizze N° 4

- „Nimm dir, was du brauchst." -

Zurück im Zimmer, das Telefon klingelt. Erster Gedanke: Für mich kann es nicht sein. Wer weiß bitte, dass ich aus der Stadt, nein, der Eiszeit, zurück bin? Ich hebe den Hörer ab. Es ist Pater Marian. Auf perfektem Deutsch heißt er mich im Kloster willkommen. Fragt, ob ich schon etwas gegessen habe.

Ich sage: „Nein“. Meine erste Lüge im Kloster.

„Darf ich dich in 10 Minuten abholen? Dann schauen wir mal, ob es im Refektorium noch etwas zu essen gibt. Ich glaube aber schon.“

„Sehr gern!“ Lege den Telefonhörer auf.

Es klopft an der Tür. Ein Mann, Brillenträger, nicht in Ordenskleidung, sondern in Jeans, steht im Türrahmen und fragt, ob ich nicht Hunger habe. Pater Marian scheint nicht anders zu können, als ständig zu lächeln. Ihm folgend betrete ich das Refektorium. Tische an der rechten und linken Seite aufgestellt, vermitteln dem Besucher, dass hier wohl jeder seinen Platz hat oder zugewiesen bekommt. „Bitte!“, seine Aufforderung mit einer weisenden Geste auf einen gedeckten Tisch. „Pizza?“ Damit hätte ich zum Abendbrot im Kloster nicht gerechnet.

„Nimm dir, was du brauchst, und mach' es dir in der Mikrowelle warm. Dort drüben!“

An einem buffetartigen Tisch hole ich mir heiße Würstchen. Mir geht es richtig gut. „Wer im Kloster hungert, ist selber schuld“, so seine Worte zum Ausklang des Tages.

Skizze N° 5

- Ist Góralisch Polnisch? -

Stellt Euch folgende Situation vor: Ein junger, polnischer Student, nennen wir ihn Jacek, hat in Warschau am Goethe-Institut Deutsch studiert und geht für ein Jahr nach Deutschland. Verbringt seine erste Zeit in Hannover und kommt dann nach Rosenheim am Chiemsee in das tiefste Bayern. Dort versteht er natürlich kein Wort und hält Bayrisch für eine komplett andere Sprache. Nichts scheint er hier aus seinem Deutschkurs in Warschau wiederzuerkennen. Er spricht ‚sein‘

Deutsch, und alle verstehen ihn, loben ihn, wie gut er spräche, doch er versteht einfach nichts. So ging es mir in Zakopane, hier im Kloster der Bonifratres, der Barmherzigen Brüder. Ich glaube, es ist kein Geheimnis, dass Polnisch schwer ist, doch dieser Dialekt hier im Süden Polens, Góralisch, ist einfach eine andere Liga. Wo fängt ein gesprochenes Wort an und wo hört es auf? Warum versteht man mich, aber ich hier keinen? Gerne half ich der Küchenkraft im Kloster und versuchte, mir durch Abtrocknen und Tischdecken den unverständlichen Bergdialekt in kurzen Dialogen zu erschließen. Vergebens. Sie verstand nur mich, und das musste genügen. Tat es aber nicht.

Heute ist Weihnachten! Auf den mit Goldrand verzierten Tassen und Tellern, Schüsseln und Terrinen der aufkeimende Granatapfel: das Zeichen der barmherzigen Brüder. In schwarzer Robe, mit einem breiten Lederriemen gegürtet, kommt ein Pater nach dem anderen in das Refektorium. Heute darf auch ich mit an ihrem Tisch sitzen. Aufgetafelt wird Barszcz czerwony z uszami[2], Ryba[3] (Karp po żydowsku)[4] und Kapusta z gzybami[5]. Zum Trinken ein Kompott aus geräuchertem Trockenobst. Nach dem Essen werden Weihnachtslieder auf Polnisch gesungen. Ich kenn' natürlich keines, und so erscheinen mir die Lieder eher wie die Beiträge aus einem Zungenbrecherwettbewerb. Viele der Weihnachtslieder haben mindesten fünf Strophen, und so versuche ich, Strophe um Strophe den Text irgendwie mitzusingen. Erfasse aber die einzelnen Worte einfach viel zu langsam. So singe ich alles auf Lala-bsch-ego und nur die Wortendungen singe ich zur Tarnung meiner Textschwierigkeiten richtig mit. Zur Bescherung habe ich der Kommunität einen selbstgebackenen Christstollen mitgebracht.

---

2 Barszcz czerwony z uszami = Rote Beetesuppe mit ‚Öhrchen', kleine Maultaschen
3 Ryba = Fisch
4 Karp po żydowsku = Karpfen nach jüdischer Art
5 Kapusta z gzybami = Weißkraut mit Pilzen (Waldpilzen)

Gefüllt mit Pistazien und Trockenobst. Es gibt im Polnischen kein Wort für Christstollen, und so beschließe ich einfach, dass es kein Stollen, sondern ein Früchtebrot ist. Damit ist das sprachliche Problem an dieser Stelle auch gelöst.

Die kleine Hauskapelle der Barmherzigen Brüder ist eher handwerklich interessant als kunsthistorisch bedeutend. Für mich der erste Sakralraum in Polen, in dem kein Bild von Johannes Paul II. zu finden ist. Karol Józef Wojtyla, wie er mit gebürtigem Namen heißt, wird in Polen wie ein Heiliger verehrt. Die einen mögen es Personenkult nennen, andere Volksfrömmigkeit. Der Personenkult um den ehemaligen Papst geht so weit in Polen, dass es ihn sogar als Krippenfigur gibt. Er als Hirte mit einem Schäflein unter dem Arm. Theologisch gesehen stimmig. In dieser kleinen Kapelle der Bonifratres nichts vom Wojtyla. Kein Bild von ihm an der Wand und auch keine Gedenkkerze mit dessen aufgedrucktem Konterfei. Die Frömmigkeit in der kleinen Hauskapelle beschränkt sich heute an Heilig Abend auf die Heilige Familie als Eglifiguren in der Grotte aus Pappmaché vorm Altar.

Dichtgedrängt sitzen Familien in den Holzbänken mit lokalhandwerklichen Drechselapplikationen. Sogar draußen im Flur stehen die Menschen. Die Messe beginnt: Eine folkloristische Kapelle spielt in regionaler Tracht ungewohnte Klänge. Die Harmonien brechen sich ständig. Ein Hauch von jiddischer Musik erfüllt den Raum. Ich möchte am liebsten tanzen. Es wird gefiedelt. Dazu ein Cellist und Flötenspieler. Jeder der Musiker in lokal-góralischer Tracht. Ein bisschen erinnert mich der Fiedelspieler an Claas Störtebeker, jenen mutigen Seefahrer. Unrasiert mit langem grauem Haar singt er seine Weisen.

Das Polnisch in Zakopane hatte für meine Ohren überhaupt nichts mit dem zu tun, das ich versuchte mühsam in Łódź zu lernen. Bergdialekt.

Der Gipfel des Kasprowy Wierch ist atemberaubend. Auch bei zweistelligen Minusgraden. Hier oben ist nichts, nur das, was Du selbst bist. Frei.

Skizze N° 6
- Stille kann so laut sein -

Was mach' ich eigentlich, wenn das Seil reißt und ich abstürze? Überlebenschancen gibt es wohl dann in dieser Gondel keine. Kontinuierlich schiebt sie sich an exakt parallel laufenden Stahlseilen den Kasprowy Wierch bis auf 1573 Meter zum Gipfel hinauf. Hier oben gibt es nur zwei Farben: ein ungetrübtes Blau des Himmels und ein strahlendes Schneeweiß. Der Wind, eigentlich das Einzige, was die Idylle stören kann, ist schneidend kalt. Jedes Foto ist eine Überlegung. Handschuhe aus? Sofort frisst sich die Kälte in die Haut. Meine Finger werden so steif, dass ich den Auslöser kaum drücken kann. Es ist klirrend kalt. Mache eine Faust und atme hinein. Wie durch eine Röhre steigt am anderen Ende mein Atem als Rauchsäule heraus.

Im Tal liegt verträumt Zakopane, und hier oben ist nichts außer Stille. Vermummt in meine Jacke, den Schal bis zum Nasenrücken hochgezogen und mit meiner Czapka aus Fellimitat, sehe ich wie ein Polarforscher im kniehohen Schnee aus. Schließe meine Augen. Höre meinen Atem. Meinen Herzschlag.

Bei jedem Schritt knirscht der Schnee unter den Schuhen und meine Augen kleben am Horizont. Was ist wohl hinter der Bergkette? Und dahinter? Und dann dahinter? Hier auf dem Gipfel des Kasprowy Wierch, verzaubert von einer unbeschreiblichen Schönheit, erscheinen mir meine Probleme, mein Weh und Ach so klein, fast schon belanglos. Nichts sagen. Stille – ein ewiger Moment. Lebe!

Es ist doch irgendwie komisch; je weiter ich mit der Seilbahn Richtung Bergstation des Kasprowy Wierch hinauffuhr, desto unwichtiger erschienen mir die Probleme in meinem Kopf. Es war gerade so, als wenn die Aussicht meinen Geist befreite.

Skizze N° 7

- Das kann ja jedes Kind -

So, da stand ich nun, meine beiden Stöcke wie ein alter Mann umklammernd. Wacklig auf zwei unkontrollierbaren Brettern sollte ich allen Ernstes diesen mir unendlich steil vorkommenden Abhang hinunterfahren. Unmöglich! Das meinte auch mein Körper, und da lag ich auch schon wieder im Schnee. Prüfender Blick, keiner hatte meinen ersten Skifahrversuch gesehen. Nächstes Problem: das Aufstehen. Den Po endlich mal 20 Zentimeter über den Skiern, schon rutschten meine Füße mit den doofen Brettern wieder weg. Ein Kind nach dem anderen, höchsten acht oder zehn Jahre alt, sauste an mir im Slalom vorbei. Ein Mann kam und grinste, half mir hoch und erklärte mir irgendetwas von in die Hocke gehen und ein Bein bei einer Kurve etwas weiter nach vorne und so weiter. Wie ich es von mir gewohnt bin, höre ich in solchen Situationen nur halb und wenn, nur latent genervt zu. Endlich wieder auf den Beinen, neuer Versuch. Siehe da, es wurde immer besser. Der Ehrgeiz packte mich. Versuchte es immer wieder, bis ich irgendwann den Abhang, der eigentlich nichts weiter als eine Auslaufpiste war, ohne einen Sturz Kurve für Kurve hinunterfuhr. Ich war begeistert. Ich hatte meine erste ‚Piste' bezwungen. Den Dreh raus, fuhr ich den ‚Abhang' immer wieder hinunter, bis die Zeit herum war, und ich meine ausgeliehenen Skier abgeben musste. Zur Belohnung des Tages: heiße Schokolade mit Schuss. Absolut schwer verdient!

Skizze N° 8

- Zebra und Tiger -

Der letzte Tag im Jahr 2009. Ausgeruht von den Skifahrversuchen in Zakopane stehe ich in Warschau und schaue in den

Himmel. Staune über die ersten aufsteigenden Raketen. Zirka acht Stunden zu früh. Constantin, ein Freund aus Barcelona, und ich feiern zusammen. Da auch wir die glorreiche Idee hatten, Glückwünsche in den Himmel zu schicken, suchten wir irgendwo einen Stand, um Raketen zu kaufen. Als Gag kaufte ich noch zwei Masken aus Plastik mit Gummiband. Zebra und Tiger. Diese aufgesetzt waren wir irgendwie etwas Besonderes unter den ganzen Massen. Durch die ausgestanzten Augenlöcher sah ich die Reaktionen auf uns: kurzes Erschrecken, dann ein Schmunzeln.

Auf der großen Leinwandbühne traten die ersten Tänzer auf. Die Show unter dem Motto ‚Michael Jackson', sogar seine Schwester Latoya war da, zog uns in ihren Bann. Eine Uptemponummer nach der anderen ließ Partystimmung aufkommen, und jeden Meter, den wir uns zur großen Bühne vorquälten, schrien Constantin und ich uns lauter an. Ein verzweifelter Kampf gegen die Dezibel aus den Boxen begann. Durch die Besuchermassen war absolut kein Weiterkommen. Der Countdown bis zum Jahreswechsel wurde lautstark im Sekundentakt mitgegrölt. Mehr heiser als melodisch. Dann war es soweit, die ersten Minuten des neuen Jahres begannen. Was wird es bringen? Menschen fallen sich mit Sekt in Plastikbechern um den Hals. Symbolisch zum neuen Jahr nahmen wir unsere Masken ab. Na dann auf ein Neues Jahr! 2010. Alles Gute!

Skizze N° 9
- Wenn der Mensch ein Mensch ist, weiß er, dass … -

Hierher hatten sie sie also gebracht! Nach dem Trubel in Warschau reiste ich weiter nach Lublin und stehe nun auf einem Hügel mit Blick auf das ehemalige Konzentrations- und Vernichtungslager Majdanek. Beklemmt setze ich einen Fuß vor den anderen in den tiefen Schnee. Wachtürme bis zum Horizont. Alle 100 Meter einer. Der Historiker Tomasz Kranz stufte das Lager Majdanek als „multifunktionales Provisorium ohne eindeutige Bestimmung und klarer Zielsetzung“[6] ein. Majdanek entwickelte sich sehr schnell zu einem Arbeitslager für polnische Häftlinge sowie zur Sammelstelle für die deportierte Landbevölkerung aus der ehemaligen UdSSR. Ab 1943/44 war Majdanek ein systematisches Vernichtungslager[7].

An einer Stelle des Eichmann-Protokolls wird Eichmann wie folgt zitiert: „Es ist vorgesehen, die Juden aus Rumänien beginnend mit dem 10.9.'42 in laufenden Transporten nach dem Distrikt Lublin [Majdanek, Anm. d. Verf.] zu verbringen, von wo der arbeitsfähige Teil arbeitseinsatzmäßig eingesetzt wird, der Rest der Sonderbehandlung unterzogen werden soll ...“ „Was bedeutet, dass der Rest der Sonderbehandlung unterzogen wird?“, so die Frage des israelischen Polizeihauptmannes Less beim Verhör Eichmanns. „Er wird getötet! Das ist die Sprachregelung“[8], so Eichmann.

Das Konzentrationslager Majdanek bei Lublin ist ein Ort der Stille, doch mit den Augen hört man die Opfer noch heute laut schreien. Wie viel Hoffnung ging hier verloren? Wie viele Blicke gingen ohne eine Reaktion durch das kleine, golfballgroße Türloch der Gaskammer direkt in die Augen flehender Männer und Frauen, denen sich das Gas Atemzug um Atemzug tief in die Lungen fraß? Zyklon B, die ‚Sonderbehandlung'.

Ich stehe vor der Gaskammer, aus der es kein Entrinnen gab. Als was oder wer bin ich eigentlich hier? Als Tourist? Als Schuldiger, weil ich Deutscher bin?

---

6 Tomasz Kranz: Das KL Lublin – zwischen Planung und Realisierung. In: Ulrich Herbert, Karin Orth, Christoph Dieckmann (Hg.), Die nationalsozialistischen Konzentrationslager. Entwicklung und Struktur. Göttingen 1998, Bd. 1, S.369

7 Winfried Meyer, Klaus Neitmann: Zwangsarbeit während der NS-Zeit in Berlin und Brandenburg –Formen, Funktion und Rezeption, Berlin-Brandenburg 2001, S. 25

8 von Lang, Jochen: Das Eichmann-Protokoll, Tonbandaufzeichnungen der israelischen Verhöre, 2. Auflage, Wien 2001, S.177

Majdanek. In dem ehemaligen Konzentrationslager bei Lublin ist es immer Winter, auch wenn die Sonne scheint. Bedrückt blicke ich im Tiefschnee vom Hügel auf das ehemalige Lager. Hinter mir das schwere Mahnmal aus Stein. Vor mir Baracken und Wachtürme. Scham und Hoffnungslosigkeit.

Vernichtungslager – das Wort ist zu absurd, als dass ich es inhaltlich fassen könnte. Ein Lager nicht um etwas zu vernichten, sondern jemanden. Menschen. Kinder, die einst mal lachten, auf der Straße spielten. Männer, die ihre Frauen in die Arme schlossen. Mütter und Väter. Einfach alle.

Der Ort ist so bedrückend, dass ich bitte gehen möchte. Fliehen. Muss mich zum Bleiben zwingen. In diesem kleinen ‚Duschraum' starben Menschen. Ich höre ihre Schreie. Ihr Sch'ma Jisrael. Sehe bildlich vor mir ihre Gesichter, ihre toten, steifverkrampften Körper. Was waren das für Menschen, die ganze Familien ausrotteten? Waren sie alle wie der Schutzhaftlagerführer Hermann Hackmann in Majdanek? Über ihn schreibt Eugen Kogon in seinem Buch ‚Der SS-Staat': „Er war nicht dumm, aber grausam und von einem zynischen Humor". Ich habe keine Worte. Verlasse die Gaskammer. Möcht' alleine sein und weit, weit weg.

Liebe Grüße
Euer André

Das Herz muss weinen

André Biakowski

Nun steh ich hier und frage mich
Welch' Wesen schuf nur diesen Ort
Schritte schwer wie 1000 Kilo Blei
In Stille frag' ich meinen Gott

Hast Du gewollt, dass Millionen sterben?
In Kammern nackt - voller Angst
Hast Du ihr Sch 'ma Isreal überhört?
Vergast haben sie Deine Erben

Konntest Du oder wolltest Du nichts tun?
Geschrien Sie haben nur nach Dir
Mütter, Väter, Kinder auch dabei
Werden sie in Frieden ruh'n?

Heute stehe ich am Henkers Ort
Neben mir ein alter Mann
Kurzes Hemd die Nummer blau grau
Stille, keiner sagt ein Wort

Zitternd und doch reicht er mir seine Hand
Das Herz muss weinen, so bin ich hier
Hab' alles verloren, verstehen Sie?
Den Glauben an des Menschen Verstand

Ich kann zum Manne nichts Tröstendes sagen
Die Kehle ist mir zugeschnürt
In meinem Kopf tausend Fragen
Stille, die den Toten gebührt

Verlassen zusammen den Todesort
Auschwitz, Du wirst uns immer mahnen
Dass der Mensch nur im Mensche ist
Wenn er Probleme löst ohn' der Waffen Mord

Hallo ihr Lieben,

wenn Überlebende von ihrer Kindheit und Jugend sprechen, dann skizzieren sie ein Bild des Schreckens, der eigenen Entwertung sowie der systematischen Vernichtung. Sie skizzieren nicht, nein, sie schildern genau, was war, und stellen durch ihr Erzählen immer wieder die eine Frage: Warum? Es darf darauf keine Antwort geben. Anlässlich einer fünftägigen, internationalen Tagung zum 65. Gedenktag der Befreiung des Konzentrations- und Vernichtungslagers Auschwitz erhielt ich die Gelegenheit, mit Zeitzeugen aus unterschiedlichen europäischen Ländern ins Gespräch zu kommen.

Gibt man bei Google den Namen Oświęcim ein, so werden als erstes Bilder vom Vernichtungs- und Konzentrationslager Auschwitz aufgerufen. Oświęcim ist aber kein Konzentrationslager. Einst war Oświęcim eine idyllische Stadt. Seit dem Zweiten Weltkrieg und den Gräueltaten kämpft sie bis heute im Bewusstsein vieler mit dem ständig folgenden Schatten des Lagers, „ein Friedhof ohne Gräber", wie Pan Wojtalewicz, ein Zeitzeuge des Lagers Potulice[9], treffend formulierte. Oświęcim ist eine Stadt und Auschwitz das Vernichtungslager. Man wird dieser Stadt nicht gerecht, wenn diese nur ausschließlich mit den Gräueltaten des Nazi-Regimes und den heutigen Zeugnissen davon in Verbindung gebracht wird. Nicht Oświęcim hat dieses Lager als Fabrik des Todes bauen lassen, sondern die Deutschen, die am 1. September 1939 völkerrechtswidrig ohne

---

9 **Kommentar:** Das Lager Potulice wurde am 1. Februar 1941 von den Deutschen errichtet und war zeitweise ein Außenlager des Konzentrationslagers Stuttghof. Von 1945-50 wurde das Lager von Polen als Arbeitslager zur Inhaftierung von ca. 36.000 Deutschen sowie für politische Oppositionisten des komunistischen Regimes genutzt.
vgl. Siegfried Lelke: Tränen haben keine Nationalität – Das ungeheure Leiden. Die Hölle auf Erden, Deutsche in Westpolnischen Lagern 1945–1949, Norderstedt 2007, S. 67 ff

Kriegserklärung in Polen einfielen und damit den Zweiten Weltkrieg auslösten.

Namen wie Unia Oświęcim, ein Eishockey-Team, das mehrfach polnischer Meister wurde, oder Paweł Korzeniowski, der 2004 bei den Olympischen Spielen in Athen Vierter über 200 m Schmetterling wurde, stehen für Erfolge und vermitteln ein anderes Bild dieser Stadt. Gerade das Zentrum für Gebet und Dialog, wie auch das Museum der Chevra-Lomdei-Mishnayot-Synagoge setzen sich aktiv für die Aufarbeitung der Schreckenszeit zwischen 1940 und 1945 mit Blick in die Zukunft ein. Im Weiteren schreibe ich von Auschwitz als Konzentrations- und Vernichtungslager sowie über die Erinnerungen verschiedener Überlebenden – den letzten Zeitzeugen.

Der Konferenzsaal des Maximilian-Kolbe-Hauses in Oświęcim ist im Kreis zweireihig bestuhlt. Einer nach dem anderen, ehemalige Häftlinge aus den Lagern Auschwitz, Mauthausen, Potulice, Ravensbrück sowie den Ghettos Lemberg, Tschernowtzy (Czerniowce) und Wilna (Vilnius) nehmen in der ersten Reihe Platz. „Was ist ein Deutscher?", fragt Pani Henriette K., eine jüdische Überlebende aus dem Ghetto Lemberg, in die Runde. „Ein Mensch, der in Deutschland geboren wurde." „Einer, der sich in das deutsche System integriert, der in Deutschland arbeitet, Steuern zahlt." „Jeder, der sich in Deutschland zu Hause fühlt.", so die Antwortansätze auf eine aus meiner Sicht sehr komplexe Frage. „All diese Punkte haben wir als Juden erfüllt. Wurden in Deutschland geboren, mein Vater war Arzt. Wir fühlten uns zu Hause und brachen kein Gesetz. Doch von heute auf morgen verbot man mir zu leben. Warum? Mein erster Kontakt mit Religion war mit dem katholischen Glauben, die Nazis machten mich zu einer Jüdin. Meine Eltern und ich, wir wurden umgesiedelt. Durch die Straßen getrieben, von allen angeschaut. Ich spürte, dass hier Unrecht geschah. Ich schämte mich so … suchte Kinder zum Spielen. Winkte sie von der anderen Straßenseite rüber. Sie schlugen und beschimpften mich. Da begann ich zu verstehen, ich bin ausgegrenzt als Kind, weil ich eine Jüdin bin. Wir Juden wurden wie Tiere behandelt, doch mit denen hatte man wenigstens Erbarmen." Pani Henriette spricht klar und ungeschminkt. Hält inne und verliert nicht die Fassung. Es scheint mir, als wenn das Erlebte, die Tragik ihrer Kindheit und Jugend, ihr durch das Berichten wie ein Film vor Augen stünde, den sie nicht wie bei einem Fernseher ausschalten kann. Sie stellt sich, als starke Persönlichkeit mit hoffnungsvollem Blick in die Zukunft, in die heutige Jugend, und spricht aus, wofür mir die Worte fehlen.

Auschwitz. Block 10. Stehe vor dem Eingang. Es ist kalt. Die Klinkersteine des Mauerwerks schreien schmutzig rot. Kleine, gemauerte Steinstufen führen hinein in die Hallen tiefster Abgründe. Nur ein Drittel der Frauen von Block 10[10] überlebte die qualvollen Experimente des Gynäkologen Prof. Dr. Carl Clauberg. Sterilisationen. Schreie. Schmerzen. Entwertung. Nackte Kühle!

An einem Kinderblock zog der Lagerarzt Dr. Mengele nach Aussagen von Zeitzeugen eine Linie in 1,50 Meter Höhe. Für alle Kinder, deren Köpfe diese Linie nicht erreichen konnten, ordnete er die sofortige ‚Sonderbehandlung' durch Zyklon B an. Wie viele Väter und Mütter hofften für ihre Jüngsten? Nr. 2493 Honacha Jacob 7.2.'43 – Kleinkind, so die Aufschrift eines Koffers in einer Großraumvitrine im Museum Auschwitz-Birkenau. Was musste einer Mutter durch den Kopf gehen, während sie den Koffer für ihre kleine Honacha packte? Liebevoll Hemdchen zusammenlegte und mit einem Pinsel weißer Farbe ‚Kleinkind' auf die Kofferklappe schrieb? Wie schaffte es Mengele, in verängstigte, sich nach den Eltern sehnende Kinderaugen zu schauen, während er nach Aussage des damaligen Häftlingsarztes Miklós Nyiszli Evipan oder Chloroform injizierte?

---

10 Hans-Joachim Lang: Die Frauen von Block 10, Hamburg 2011

Auschwitz ist wie Majdanek kein Ort der Stille. Nein, alles schreit laut. Stehe in einer Baracke, links und rechts die ‚Bettenreihen'. Höre förmlich das Röcheln, Wimmern und Zittern. Spüre die Hoffnungslosigkeit dieses Ortes. Auschwitz – Schlachtplatz für Millionen. „Ich halte die Zahl 2,5 Millionen für viel zu hoch. Die Möglichkeiten der Vernichtung hatten auch in Auschwitz ihre Grenzen. Die Zahlenangaben ehemaliger Häftlinge sind Phantasiegebilde und entbehren jeder Grundlage."[11], so Lagerkommandant Rudolf Höß. Wie war es möglich, dass sich ein Mensch, ein erkenntnisgeprägtes Individuum und mit Vernunft begabt, über einen anderen erheben konnte? Die Macht hatte, Leben zu ‚schenken' oder es nach Belieben mit einem Handwink zu nehmen, im Sinne eines Gesetzes, erlassen von einer Mörder-Regierung ohne Rechtsstaatlichkeit, die dennoch demokratisch vom Volk gewählt wurde?

65 Jahre nach der Befreiung stehe ich in diesem Lager. Bedrückend. Bei minus 20 Grad gehe ich über die Rampe. Höre förmlich das Quietschen der Zugbremsen, das Bellen der Hunde. Rauch steigt aus ihren kläffenden Schnauzen auf. Das Orchester[12] spielt. Heisere Schreie der SS geben Kommandos. Was war hier ein Menschenleben wert? Pater Maximilian Kolbe beantwortete diese Frage mit seinem Leben, stellvertretend für einen Mann, der Frau und Kinder hatte. Sein Name Franciszek

---

11 Höß, Rudolf: Kommandant in Auschwitz, S. 252

12 **Kommentar**: Auf Befehl der SS stellte Musiklehrerin Zofia Czajkowska im Juni 1943 ein Mädchenorchester im Konzentrationslager Auschwitz zusammen. Sie spielten, wenn die Arbeitskommandos zurück ins Lager kamen. Dr. Mengele, wie auch Lagerkommandant Kramer, ließen sich von ihnen mehrfach vorspielen: „Achtung! Mädchen, schnell! Herr Kommandant Kramer kommt! Eingefroren in ein eindrucksvolles Stillgestanden erwarteten wir Kramer. Er tritt ein, begleitet von zwei SS-Offizieren. Er geht auf die für diesen Zweck aufgestellten Stühle zu, setzt sich, nimmt die Schirmmütze ab und legt sie neben sich hin. Immer noch stillgestanden, wie es sich gehört, wenn man mit einem Offizier spricht, fragt Alma ängstlich: ‚Was möchte der Lagerführer hören?' ‚Die Träumerei von Schumann.' Und sehr gefühlvoll fügt er hinzu: ‚Das ist ein bewundernswertes Stück, das geht ans Herz.' Entspannt hebt der Lagerführer seinen Kopf und teilt mit: ‚Wie schön, wie erregend!'", so der Zeitzeugenbericht von der französischen Chansonsängerin Fania Fénelon.

Gajowniczek. Aus freien Stücken ging Kolbe für Gajowniczek am 31. Juli 1941 in den Hungerbunker. Kaum aushaltbar blicke ich durch die Gitterstäbe in die Todeszelle Kolbes. Das Licht schummrig. Die Wände erdrückend. „Man muss die Schreie der Verzweiflung gesehen haben, mit nackten Fingern in die Wand gekratzt. Kleine Käfige wie für Tiere – und doch waren es Menschen, die darin umgebracht wurden. Der Hungerbunker in Auschwitz – ein schrecklicher Ort menschlicher Gemeinheit, ohne Licht und Luft, nur zum Töten der qualvollsten Art (...) man hörte keine einzige Klage aus diesem verfluchten Hungerbunker. Stattdessen, solange es physisch ging, lautes Beten und Singen", so Gotthard Fuchs im SWR2-Beitrag „Das Wort zum Tag" vom 25. März 2004.

Der Gedanke, ein Mann geht für einen Familienvater freiwillig in den systematischen Tod, sowie der bedingungslose Glaube Kolbes in einer solchen, nicht steigerbaren Destruktivität, reißen innerlich an mir. Ich möchte hier vor seinem Hungerbunker alleine sein, doch immer mehr Besucher kommen durch den gelb ausgeleuchteten Kellergang. Am 14. August 1941 wurde Maximilian Kolbe, der noch nicht verhungert war, durch Phenolspritzen ermordet. Franciszek Gajowniczek starb 1995 als Überlebender in Freiheit. Am Beispiel Pater Kolbes sieht man deutlich, dass das Leben der Häftlinge für den damaligen Kommandanten Karl Fritsch belanglos und austauschbar war. Gab es denn nichts, was den Wahnsinn hätte stoppen können? Sind denn alle in die gleiche Richtung marschiert?[13]

---

13 **Kommentar:** An dieser Stelle seien die Versuche eines Hitler- und Systemsturzes nicht vergessen. Noch heute erinnert der Bendlerblock in Berlin-Tiergarten an den Widerstand gegen den Nationalsozialismus – Der antifaschistische Widerstand. Zu nennen sind Einzelpersonen wie z.B. Georg Elser, aber auch Gruppierungen wie z.B. die Rote Kapelle um Harro-Schulte-Boysen oder Arvid Hanack, die Weiße Rose in München um die Geschwister Hans und Sophie Scholl oder der Kreisauer Kreis um Helmuth James Graf von Moltke sowie Peter Graf Yorck von Wartenburg als auch zum späteren Zeitpunkt Claus Schenk Graf von Stauffenberg mit dem berühmten Attentat auf Adolf Hitler am 20. Juli 1944. Dieses Attentat misslang und die Gestapo zerschlug den Kreisauer Kreis.

„Wenn man den Grundsatz aufstellt und anwendet, dass man den unproduktiven[14] Menschen töten darf, dann wehe uns allen, wenn wir altersschwach werden ...", so Kardinal Clemens August Graf von Galen in seiner Predigt in der Lamberti-Kirche zu Münster am 3. August 1941. Welchen Wert geben wir der uneingeschränkten Würde des Menschen heute, in einem Land, in dem neonazistische Parteien in der nahen Vergangenheit den Einzug in den Landtag einzelner Bundesländer schafften?[15]

Die Berichte der Zeitzeugen im Rahmen der fünftägigen internationalen Tagung anlässlich des 65. Gedenktages der Befreiung des Konzentrationslagers Auschwitz sind für mich zugleich eine Weichenstellung in die Zukunft hinein. Das Anvertraute aus Jugend, die gestohlene Kindheit sowie das Gesehene vor Ort oder in den Augen der Überlebenden fordern mich aktiv zum Handeln auf.

Liudmila, eine heute in Moskau lebende Zeitzeugin des Konzentrationslagers Ravensbrück, steht im Stuhlkreis des Konferenzraumes. Sie möchte reden. Fragt: „Wie viel Zeit haben wir? Die kurze oder die längere Variante?" Sie beginnt auf Deutsch zu sprechen. Doch zu wichtig erscheint ihr ihr Bericht, sie will keine Kompromisse in ihren Aussagen machen und so spricht sie in Russisch weiter. Alles Gesagte spiegelt sich in ihren Augen wieder. In Worten geht sie durchs Konzentrationslager, arbeitet schwer und wird immer wieder geschlagen. Mit der linken Hand greift Liudmila fest in das ihr gereichte Taschentuch, tupft sich die Augen ab und spricht weiter: „Ich hatte mich mit einer

---

14 **Kommentar:** Eigentlicher Terminus war ‚unwertes Leben'. Kardinal Clemens August Graf von Galen gibt hier bereits eine sozialkritische Auslegung dieser Begrifflichkeit und legt damit das eigentliche Gedankengut frei.

15 **Kommentar:** In Mecklenburg-Vorpommern erzielte die Nationaldemokratische Partei Deutschlands (NPD) bei der Landtagswahl 2011 6% und schaffte damit den Einzug in den dortigen Landtag. Die NPD ist in den neuen Bundesländern in einem weiteren Landtag vertreten. Bei den Landtagswahlen 2009 schaffte sie es mit 5,6% in den Landtag Sachsens.

Französin auf dem Marsch nach Melchow und Schwerin auf dem Boden einer leer stehenden Fabrik versteckt, die Deutschen haben uns nicht gefunden. Wir blieben die ganze Nacht. Auf einmal hörten wir Schritte und hatten große Angst. Es waren russische Soldaten. Vor Freude weinend warfen wir uns ihnen vor die Füße. Sie nahmen uns in eine nahegelegene Stadt mit und brachten uns in einem leer stehenden Haus unter, verboten uns aber, etwas von dem rumstehenden Essen zu nehmen. Es könnte vergiftet sein. Am nächsten Tag überreichten die Soldaten jedem von uns eine Bescheinigung zur Befreiung. Dieses Dokument ist das Wichtigste, was ich besitze. Es war der 1. Mai, mein zweiter Geburtstag."

Wenn ich Zeitzeugen in die Augen schaue, so fällt es mir schwer, ihren Blicken standzuhalten. Ihre Augen glasig, wenn sie sprechen. Da ich zu der letzten Generation gehöre, die mit Überlebenden des Holocaust in Kontakt treten kann, fragen darf und zuhören muss, bin ich beauftragt, mich gegen das Vergessen einzusetzen. Ich trage die Botschaft von vielen Begegnungen und Gesprächen in mir. Diese Menschen dürfen nicht vergessen werden. Sie zu vergessen, bedeutet Geschichte zu relativieren!

Der polnische Historiker und Publizist Wladyslaw Bartoszewski[16] schrieb einmal in seinem Buch ‚Wer ein Leben rettet, rettet die ganze Welt' sehr eindrücklich und mahnend: „Eine der schlimmsten Gefahren für das Zusammenleben der Menschen sind die Gleichgültigkeit und der Opportunismus. Sie sind oft böser als das Böse."

Liebe Grüße
Euer André

16 **Kommentar:** Wladyslaw Bartoszewski ist Überlebender des Konzentrationslagers Auschwitz. In seinen über 40 Büchern sowie 1200 Artikeln arbeitet Bartoszewski die Zeit des Holocaustes sowie die Beziehung zwischen Polen und Deutschen aktiv auf.

Sein Glück ist Schrott

André Biakowski

In seinem Wagen schon lang' kein Kind mehr gelegen,
geschoben von der stolzen Mutter, bedacht.
Die Räder quietschend, wackelnd, rostend,
für ein paar Groschen, Schrott zur Halde gebracht.

Wer würd' das Glück in Containern suchen,
wühlend im Dreck, getrieben ohne Ziel.
Einsam durch die Lodzer Straßen ziehend,
ein Mann, auf den mein Blick nun fiel.

Er geht nicht, nein, er schleppt sich dahin.
Die Zigarette rot glühend bei jedem Zug.
Unrasiert, nach Wodka riechend,
Glück, Gefühl für ihn der größte Betrug.

Die Stimme in mir mag „Alkoholiker" sagen,
„typisch polnisch" meint mein deutsches Denken.
Doch ist er das, trau' ich mich zu fragen,
oder ist er nur kurios mit seinem Wagen?

Plastiktüten am Griff festgebunden,
in ihnen, wonach sich keiner bückt.
Den eigenen Stolz längst überwunden
vor ihm 'ne Büchs, leer und zerdrückt.

Er nimmt sie mit auf seine Reise.
Regen dringt durch seine Jacke.
Biegt rechts ab, wie jeden Tag zweimal
und hofft auf gute Tagespreise.

Man kennt ihn, ja, hier ist er willkomm'.
Legt sein Gut auf die Waage schwer.
Wirkt vom Regen und Alter benomm'
und freut sich übers Kleingeld hinterher.

Viel war's nicht für sein Tageswerk,
zählend schaut er in seine Hand.
Auf's Neue zieht er nun von dannen.
Versteh' aus was sein „Glück" bestand.

Hallo ihr Lieben,

wacklig und mit gefühlten 80 Kilometern pro Stunde schiebt sich die Lodzer Straßenbahn Linie 2 in Richtung Ulica Dąbrowskiego – Tatrzańska. Es ist 8.30 Uhr. Müde sitze ich in dem roten Hartschalensitz. Für die Knie viel zu wenig Platz. Den Kopf in den schwarz gummierten Winkel der Fensterscheibe gedrückt, lasse ich mich von den frühlingshaften Sonnenstrahlen am Morgen blenden, schließe die Augen und genieße. Möchte noch etwas schlafen, doch zu unbequem. Lesen oder doch die neuen Vokabeln für den Polnischkurs lernen? Berlin interessiert mich heute Morgen noch nicht, und so ziehe ich meine Vokabelkärtchen aus der Tasche. Doch lieber schlafen! Irgendwie. Selbst das Piepen und Türeknallen an jeder Haltestelle können mich davon nicht abhalten, und so lasse ich mich unsanft in den Schlaf schaukeln.

Der Geruch von Urin und kaltem Zigarettenrauch reißt mich aus dem Schlaf. Vor mir sitzt ein Mann. Vielleicht 65 Jahre alt. Auffällig seine fleckige Daunenjacke sowie seine vom Nikotin vergilbten Fingernägel. Neben ihm im Gang zwei zugeknotete Einkaufstüten mit unleserlichem polnischem Aufdruck. Ich sehe es kommen: Die Tram wird abrupt stoppen, die Einkaufstüten fallen um und werden so ihren Inhalt preisgeben. Bingo! Die Tram stoppt. Plattgedrückte Bierbüchsen verteilen sich im Gang der Tram. In den Gesichtern der Fahrgäste keine Regung. Ein Mädchen mit Lippenpiercing hört Musik. Die gut gekleidete Frau neben mir liest weiter ihre veraltete Ausgabe ‚Psychologie Heute'. Alles scheint absolut normal und alltäglich zu sein. Jeder bemerkt ihn, doch sieht ihn niemand. Mir stellen sich Fragen. Was bitte macht ein Mann mit zwei Einkaufstaschen voll mit plattgedrückten Bierbüchsen morgens kurz nach halb neun in einer Tram? Er kann all die unterschiedlichen Bierbüchsen unmöglich selbst leer getrunken haben. Und wenn, warum hat er die Büchsen nicht in einen Mülleimer geworfen, sondern schleppt sie wie Trophäen einer durchzechten Nacht mit sich herum? Ich besinne mich auf meine Müdigkeit und versuche wieder zu schlafen.

Mein nun folgender Arbeitstag gestaltet sich ‚normal'. Das Autoradio läuft und spielt die polnischen Charts auf und ab. Im alten, grünen VW-Bus fahren Jurek und ich wie jeden Tag unsere Essen aus. Heute 24 Obiads. Ich kurble das Fenster runter und sauge den Frühling mit jedem Atemzug in mich auf. Endlich vorbei das melancholische Grau der Plattenbauten, die kahlen, tot anmutenden Bäume, die Kälte und die ewig feuchten Socken, da meine Schuhe nicht ganz dicht waren. Alles scheint jetzt Hoffnung zu versprühen. Die Menschen auf den Straßen gehen wieder aufgerichtet. Keine Köpfe, die sich hinter aufgestellten Kragen verstecken. Nein, Frauen beginnen sich ihrer Reize bewusst zu werden. Frühling – eine Idylle, die mit 60 Kilometern pro Stunde bis zu jenem Container an uns vorbeizieht, an dem Jurek hält und den Motor laufen lässt.

Eigentlich sollte ich jetzt aussteigen und das Mittagessen zu einer Frau bringen, doch ich bleibe angesichts der Situation vor der Windschutzscheibe wie angewurzelt im Auto sitzen. Eine Frau, viel zu klein, um in einen Container zu sehen, steht wie eine Ballerina auf den Zehenspitzen ihrer abgewetzten Schuhe, zieht sich an der runden Öffnung mit faltiger Hand etwas nach oben und versucht hineinzugreifen. Ihre Fersen rutschen dabei leicht aus ihren verblassten Schuhen. Socken oder gar Damenstrümpfe trägt sie nicht. Wirft sie etwas in den Container hinein oder holt sie etwas heraus? Egal wie ich es betrachte, was sie tut, hat eine gewisse Bedeutung und Dringlichkeit.

Ein Mann nähert sich ihr mit umgebautem Kinderwagen. Eigentlich nur ein Fahrgestell mit vier Plastikrädern, auf dem eine Alu-Kinderbadewanne mit Schnüren befestigt ist. Liebevoll legt er seinen Arm um die Frau, gibt einen unrasierten

Kuss und weist mit einer fast schon stolzen Handbewegung auf seinen ‚Wagen' voller Stangen und Zeitungen. Spätestens jetzt fühle ich mich in meiner Rolle als Beobachter unwohl und beginne zu verstehen. Genauso wie der Mann in der Tram heute Morgen sammelt auch diese Frau mit ihrem Freund, Mann oder Geliebten Plastik, Altpapier und Metall. Die Art und Weise, wie der Mann mit seinem Badewannenwagen mit der Frau, vielleicht sogar seiner, umgeht, ist sehr behutsam. Zärtlich. Beide sammeln vielleicht, um zu überleben, in der Gesellschaft einen Platz zu gewinnen. Geld ist auch in Polen hierfür die Eintrittskarte. Welchen Platz hat da im Kampf ums Überleben, vielleicht gegen die eigene Sucht, die Liebe? Ich kann durch die Frontscheibe des grünen VW-Busses in ihre Augen sehen. Sie bemerken mich nicht, und so schauen meine Blicke in ihre gebrochenen, hoffenden, liebenden und vom Alkohol geprägten Pupillen. Sicher bleibt Weiteres von mir nur Spekulation. Die Zerrissenheit zwischen ihrer eigenen Situation mit der scheinbaren Unveränderlichkeit sowie dem großen Traum vom persönlichen Glück ist für mich spürbar. Ihr Leben ist Teil einer ständigen Rangfolge. Erst die Ranghöchsten, jene die das Geld haben, in den Märkten zwischen den ganzen Angeboten auswählen zu können, und dann die, die aus dem Weggeworfenen das raussuchen müssen, was viele von uns als Abfall, Müll oder Schrott bezeichnen. Wie schnell werden Menschen an den Rand der Gesellschaft abgeschoben, weil sie vielleicht dreckig sind oder in der Tram betrunken schlafen? Das touristische Bild einer Stadt stören? Wie schnell werden sie in unseren Köpfen der eigenen Menschlichkeit beraubt und zu Freiwild für Beschimpfungen, Forderungen und Kritik? Wie schnell urteilen oder verurteilen wir? Großstadtnomaden, ich bin in eurem Revier.

- Am nächsten Tag -

Es klingelt und eigentlich bin ich gerade dabei, die 52. Reihe des Vorderteils meines Pullovers abzustricken, als mein Tag eine ungeahnte Wendung nimmt. Ich schiebe die kleine, runde Scheibe vorm Spion an der Tür zur Seite und sehe einen Mann. Er steht mit dem Rücken zur Tür. Neugier lässt mich die Tür öffnen. „Hätten Sie für mich vielleicht einen Tee? Mehr will ich nicht von Ihnen!" Unrasiert und mit glasigen Augen schaut mich ein Mann an, den ich vor zwei Sekunden noch nicht kannte. Ein stechender Geruch schlägt mir wie eine Faust kraftvoll in die Magenkuhle. „Moment bitte", ich schließe die Tür von innen. Er steht im Treppenhaus … Was nun? Tee! Küche! Wann bitte macht es endlich klick und das Wasser kocht?, schreit in mir die Ungeduld. Ungeduldig schleudere ich den noch trockenen Kamillenteebeutel wie einen Propeller herum. Endlich: Klick! Tee. Ja und dazu? Schmiere ein Käsebrot und reiche beides durch die mir Sicherheit bedeutende Wohnungstür. Er sitzt im Treppenhaus auf der obersten Stufe, blickt zu mir auf und bedankt sich überschwänglich, als wäre eine Tasse Tee und ein Brot für ihn der Inbegriff des kleinen Glückes. Ich relativiere alles für mich schnell und schließe die Tür. Von innen. Stricke weiter.

Ich kann mich einfach nicht konzentrieren und trenne immer wieder eine Reihe auf. Mist! Das Muster stimmt hinten und vorne nicht. Gehe zur Tür und schaue durch den Spion. Er ist weg. Mein Teeglas auch. Öffne langsam die Wohnungstür, als wenn dahinter ein böses Tier lauern würde. Er ist noch da! Liegt auf dem Boden und schläft. „Kommen Sie bitte!", sage ich und bin über die Bestimmtheit meiner Stimme selbst überrascht. Er erhebt sich träge. Müde von Alkohol und Straße. Ich bitte ihn in die Wohnung. Der begleitende schweiß-säuerliche Uringeruch schlägt gepaart mit seinen Dankesserenaden immer präziser auf mich ein. „Bitte nur schlafen. Bitte lassen Sie mich irgendwo schlafen!" Ich flüchte in mein Zimmer ... Tür bleibt offen ... will ihn im Blick haben ... suche hektisch nach dem Wort ‚duschen' auf Polnisch im Wörterbuch. Reiße beim schnellen Blättern eine Seite ein. „Erst duschen und dann können Sie schlafen" und drücke ihm eine Packung Nivea Men in die Hand. Seinen Namen kenne ich nicht – bleiben anonym im Respekt voreinander.

Was bringt ihm eine Dusche, wenn er danach wieder in die alten, stinkenden Kleidungsstücke schlüpfen muss?, frage ich mich und betrachte mich dabei im Spiegel meines Kleiderschrankes. Nichts! Ich suche nach einem Bettlaken, um das Sofa im Wohnzimmer für ihn zu beziehen. Kleidungsstücke purzeln mir entgegen. Eine sandfarbene Jeans. Die habe ich noch nie so richtig gemocht und die polnische Küche ist schuld, dass sie mir jetzt nicht mehr passt. Lege sie beiseite. Ringelpulli im 80er-Look. Mochte ihn sehr gern, doch der Bauch ... Kurzum, ich beschließe, die beiden Sachen meinem Gast hinzulegen, und wenn sie ihm passen, soll er sie haben. Nach einer gefühlten Ewigkeit kommt er aus dem Bad und sofort kämpft der Nivea-Men-Geruch gegen den von Schweiß und Alkohol der rumliegenden Kleidungstücke im Wohnungsflur. Ich bin alles andere als souverän. Ehrlich gestanden überfordert mich die Situation. Doch als er im Wohnzimmer auf der Couch einschläft, beginne auch ich innerlich zur Ruhe zu kommen. Warum hat er mich an der Tür nur nach Tee gefragt? Wirklich kalt ist es ja nicht mehr draußen. Tee, etwas wofür ich nicht bei Fremden im fünften Stock klingeln würde. Doch vielleicht ist diese Banalität, nach Tee zu fragen, ein Teil seiner Lebenswirklichkeit. Ehrlich gesagt gehört dieser Mann nicht unbedingt zu den Menschen, die ich sonst in meine Wohnung aufnehmen würde. Bin vermutlich zu überzivilisiert, um dabei nicht um meine eigene Sicherheit besorgt zu sein. Sicherlich wurde er oft aufgrund seines Geruches, seines ungepflegten Aussehens an vielen Wohnungstüren abgewiesen. Doch wohin, wenn man kein Zuhause hat? Keinen Ort, an dem man abends ankommen kann. Wo ein Kühlschrank steht und man sich Gedanken darüber macht, ob man ein dunkelblaues T-Shirt mit weißen Hemden zusammen bei 30 Grad waschen könne, ohne dass sich etwas verfärbt. Ich schaue ihm durch die Wohnzimmertür beim Schlafen zu. Friedlich schmiegt sich das Kopfkissen um seine unrasierten Wangen. Stille. Schnarchen. Dasein. Keine Angst vor der Polizei. Wo ist der Schwachpunkt in seinem Teufelskreis? Kein Zuhause … auf der Straße lebend … kein Geld … keine Wohnung … keine Dusche … stinkend … um Hilfe bittend … Ablehnung … Entwertung … Alkohol … Selbstaufgabe, geht es mir durch den Kopf. Kann mehr für ihn nicht tun. Wecke ihn auf, weil ich in die Stadt will. Seine alten Kleidungsstücke bleiben als Relikte einer Begegnung im Flur liegen. Mitnehmen kann er sie nicht. Er besitzt nur das, was er am Leibe trägt. So entsorge ich seine alte Hose sowie den zerrissenen Pulli. Schwer fällt alles in den Müllschacht des fünften Stockes und Schritt für Schritt geht auch er die Stufen hinab, hinaus in eine Welt, die ihn nicht will, ihn ablehnt. Warum? Nur weil er vom eigenen Leben überfordert ist und streng riecht? Wohin wird er gehen? Wo schlafen? Was essen? Im Wohnungsflur liegt stechend sein Geruch und mir wird schlagartig klar, wie gut es mir eigentlich geht.

- Einige Tage später -

Tief haben schwere Autoreifen ihr Profil in das Gesicht eines polnischen Tennisspielers gedrückt. Die Unterzeile zeigt seinen großen Erfolg. Jetzt liegt er als Schnipsel im Schlamm. Neben ihm eine alte Mutter sowie ein Clip, vermutlich einer Cola- oder Bierdose. Eingezäunt ist der Platz, auf dem er liegt, nicht, nein, eher von Containern zugestellt. Schwer wie Monumente stehen sie da. Die Farbe, sie waren einst grün und rot gestrichen, blättert bereits ab.

Oft fragte ich mich, wie es wohl ist, abends nicht nach Hause zu kommen, weil man einfach keines hat – auf der Straße lebt. Wie es ist zu wissen, dass man von jedem beäugt, aber von allen übersehen wird? Man als Mensch in den Augen vieler verloren hat.

Destruktivität, der Charme dieses Ortes. Nichts ist schillernd oder strahlend. Der Schrottplatz hier, eine Palliativstation für Zeitungen, Bierbüchsen sowie Schrott aller Art. Menschen, die hierher kommen, fügen sich perfekt in die Umgebung dieses Ortes ein. Alle tragen in sich etwas Rostiges, Verbrauchtes, teils Gequältes, ja, Melancholisches. Mit ihren Wägen, Karren, Beuteln stehend warten sie, bis die Waage über den Ertrag ihrer Arbeit urteilt. Viele von ihnen versuchen durch das Sammeln von Metall und Papier ihren Kopf über Wasser zu halten und ertrinken doch fast täglich in den benötigten Dosen Alkohol. Es gibt aber auch diejenigen, die das Kleingeld zur Versorgung ihrer Kinder benötigen – und nicht trinken. Bis zu dreimal am Tag kommen sie auf Schrottplätze wie diesen. Stellen sich an mit dem, was sie aus Mülleimern der schillernden Einkaufsstraßen in Łódź oder aus den Containern der Blocksiedlungen gesammelt haben. Hier scheinen sie akzeptiert zu werden. Routiniert legt ein Mann aus dem Baucontainer, seinem Büro, den Inhalt eines Sammlers auf die Waage und schiebt die Gewichte auf der Schiene gekonnt hin und her. Dass der Erlös nicht viel sein kann, entnehme ich den hochgezogenen Augenbrauen des Großstadtnomaden.

An diesem Containerplatz hat alles seine wiederkehrende Chronographie: Anstehen in einer Reihe, alles auf die Waage legen, die Wertstoffe von der Waage getrennt nach Papier und Metall in die großen, rostigen Container werfen, im Baucontainer Geld abholen und den Platz mit einem zählenden Blick in den eigenen Handteller verlassen. So wiederholt es sich immer und immer wieder. Sammeln. Abgeben. Sammeln. Abgeben. Jeden Tag. Sieben Tage die Woche. Mich erinnert das nicht an eine asoziale Lebensstruktur, sondern eher an Arbeit. Nichts anderes machen wir auch. Arbeiten, Privatleben, Privatleben und arbeiten. Die gleiche Monotonie des Alltags. Sammler, Großstadtnomaden, Obdachlose oder wie immer man sie bezeichnen mag, arbeiten, um zu überleben, für den täglichen Schluck aus der Flasche, ihre Familien, und wir, die doch so Zivilisierten, für den großen Traum vom Eigenheim, den Urlaub, die monatlich fällige Kreditrate oder für das schöne Unnötige. Bekamen wir es nicht schon in die Wiege gelegt, sich im Leben etwas erarbeiten zu müssen, um etwas zu sein und vorzeigen zu können? Alles für die gesellschaftliche Anerkennung. Hechelnd und naiv. Ja, was bin ich denn Besseres, wenn ich mir so fleißig etwas erarbeitet habe? Besser als andere im Sinne eines Wettbewerbes, in dem es einen Gewinner und Verlierer einfach geben muss? Sozialer, weil ich vielleicht eine gesellschaftliche Stellung habe und drei verschiedene Krawattenknoten binden kann, aufgrund der täglichen Übung vorm morgendlichen Spiegel mit frisch geputzten Zähnen? Ist nicht das egoistische Erfolgsstreben die verführerische Hure unserer Zeit? Der berauschende Wodka eines jeden Erfolgs- und Karrieresklaven, über dessen Kopf die weitgeschwungene, dreiriemige Anforderungspeitsche eines Vorgesetzten kreist? Effizienz. Wachstum. Erfolg. Mir sagte mal eine guter Freund: „André, Karriere ist wie ein hoher Berg. Alle möchten auf den Gipfel, um zu sehen, was es zu sehen gibt. Aber, je höher du kommst, desto einsamer wirst du. Und falls du mal auf dem Gipfel stehst, wirst du vergebens jemanden suchen, der dir in der Kälte eine wärmende Jacke umlegt!“ Was ist sozial und was antisozial und wer hat das Hoheitsrecht, dies für Dritte zu definieren? Was ist gesellschaftlich tragbar und wie gehen wir mit denen um, die durch das Raster unserer Wertevorstellung fallen? Warum kategorisieren wir und integrieren nicht stärker aus dem Herzen heraus? Was hält uns im Kleinen davon ab? Wenn wir uns als zivilisiert und aufgeklärt im humanistischen Sinne bezeichnen, haben wir die Pflicht, in jedem Menschen den Menschen zu sehen. Vieles bedingt sich und fügt sich für uns Immer-alles-sofort-Wisser zu einem Bild zusammen. Die Produktivität eines Menschen, in Umsatz oder Gewinn ausgedrückt, grenzt durch den begleitenden Wettbewerb auch aus. Stellt Schwächere an den Rand. Formiert elitäre Gruppen und ermöglicht einen Neueinstieg in die Gesellschaft nicht oder nur sehr schwer. Kommt das eigene Suchtverhalten mit seiner Dynamik und Destruktivität hinzu, wird einem schnell die eigene Menschlichkeit abgesprochen. Freier Fall ins Nichts – jeder Schluck Alkohol eine vermeintliche Verlängerung des Falls, um nicht mit voller Wucht auf dem steinigen Boden der gesellschaftlichen Unmenschlichkeit aufzuprallen. Sucht, ein ständiges Getriebensein aus Angst. Angst wovor? Vorm Scheitern? Vorm Nichterfüllenkönnen eines zu hohen Anspruches oder Ideals? Vorm Leben, der Realität, die zur persönlich inszenierten nicht passen will und ein Hin- und Hergerissensein nach sich zieht? Ist nicht die Angst eine Brücke zwischen denen, die gesellschaftlich am Rande stehen und allen anderen, denen es vermeintlich gut geht? Ist Angst nicht urmenschlich?

Aus meiner Sicht ist es nicht der säuerliche Schweißgeruch, nicht die Ungepflegtheit, nicht die Alkoholfahne, die uns wegsehen lässt, sondern die Unschlüssigkeit unserer eigenen Werte- und Moralvorstellung, die wir oft leichter auf andere als auf uns selbst zuschneidern. Den Anderen bewerten, um sich nicht selbst hinterfragen zu müssen, und dabei immer die eigene Person schön als Bewertungsmaßstab. Aber wie können wir bewerten, wenn wir nicht sensibel hinsehen? Ich glaube, wir würden den lebensgeprägten Augen vieler Obdachloser mit unseren Masken nicht standhalten können. Wir müssten abnehmen, was wir als zivilisiert bezeichnen, und was im Grunde nichts weiter ist als Angst, Arroganz und falsche Eitelkeit.

Liebe Grüße
Euer André

„Alle Dinge, die in der Zeit sind, haben ein Warum.
Wie der, der einen Menschen fragte: »Warum issest du?«
»Damit ich Kraft habe.« »Warum schläfst du?«
»Aus demselben Grunde.« Und so sind alle Dinge, die in der
Zeit sind. Aber wer einen guten Menschen fragte:
»Warum liebst du Gott?« »Ich weiss nicht, um Gottes willen.«
»Warum liebst du die Wahrheit?« »Um der Wahrheit willen.«
»Warum liebst du die Gerechtigkeit?«
»Um der Gerechtigkeit willen.« »Warum liebst du die Güte?«
»Um der Güte willen.« »Warum lebst du?«
»Wahrlich, ich weiss nicht! Ich lebe gerne.« "

(Meister Eckhart geb. 1260, gest. 1328)

Hallo ihr Lieben,

'Warum?' – eine Frage, die wir uns häufiger im Alltag stellen. Meist wohl dann, wenn die Logik versagt, und die eigene Person nicht mehr zur Beantwortung ausreicht. Wir neigen dazu, alles beantworten zu müssen oder für alles Antworten einzufordern. Der Mensch ist ein Erkenntnissklave seiner selbst. Das Spiel von Fragen und Antworten, der Boden unseres erkenntnisgeprägten Strebens. Wissen scheint die höchste Devise zu sein und Glauben die wohl eher belächelte Spekulation vieler. Doch Wissen stellt sich in eine irdische Begrenztheit der Erkenntnis, der Glaube jedoch gibt Raum, dass jemand, etwas Größeres, den Überblick über Allem hat, also auch über unsere unbeantworteten Fragen. Glaube fragt nach einem 'Woran?'. Woran glaubst du? Wir? Was sind für uns die handlungsprägenden Grundmaximen? Vernunft? Der Mitmensch? Moral?

Der Begriff 'Gelebter Glaube' fasst das eigentliche Thema meines Briefes an Euch sprachlich leider nicht präzise. Partizip Perfekt. PASSIV! Zwar ein gut klingender Begriff, oft jonglierend gebraucht, doch bei einer genaueren Betrachtung nicht konsequent. Er suggeriert, dass der Glaube nicht mehr gelebt würde, sondern vielmehr gelebt wurde. Retrospektiv und weniger integrativ.

Glaube als dialogisches Lebensmodell genügt sich nicht selbst, sondern sucht aus sich heraus ein Gegenüber. Erst dann wird er greifbar und lebendig, deswegen möchte ich im Folgenden nicht über den 'Gelebten Glauben', sondern über den 'Lebendigen Glauben' schreiben. Lebendig meint eine Vielfalt, ein sich ständiges Verändern, Wandeln, Wachsen, Ausloten neuer Möglichkeiten, auf der Suche sein nach dem eigenen Ich. Für mich geht es im Glauben um die innere Haltung, mit der etwas geschieht. Brot kann ich selbst backen, weil es für mich vielleicht ein Teil meines bewussten Lebensstils ist, oder ich gerne wissen will, was ich esse. Ich kann es aber auch im Bewusstsein backen, dass es Brot ist. Nicht als Backware, sondern als etwas von Gott Gegebenes, das durch Wasser, Mehl, Hefe, Kneten und Zeit Gestalt bekommt, aufgeht und duftet. Sättigt. Manchmal bringe ich einen selbstgebackenen Brotlaib zum Frühstück mit ins sozialmedizinische Zentrum. Sofort breitet sich der Duft aus und lockt viele der alten, gebrechlichen Menschen an den großen Tisch. Ania brüht dazu einen frischen Kaffee auf. Für mich wird in solchen Situationen ein Stück Glauben in den Gesichtern der Anderen sichtbar.

Das Wort lebendig wird in unserem Sprachgebrauch oft mit schnell, quirlig, agil in Zusammenhang gebracht, doch steht es im Zusammenhang mit Glauben auch für Ruhe und Besinnung, wie ich in meinen Schweigeexerzitien in Tahi bei Budapest erfahren durfte.

Für mich ist Schweigen etwas ganz Sonderbares. Vermutlich, weil ich meine Klappe einfach nicht halten kann. Im Stillen aber schreit das Innere so laut, dass es nicht überhört werden kann. Das Herz beginnt zu denken und der Geist hört zu. Nur einmal am Tag hatte ich während der Schweigeexerzitien eine 30-minütige Gesprächszeit mit Pater Musto, einem Jesuitenpater. Ich kannte ihn zuvor nicht, doch seine in sich selbst ruhende Art berührte mich schon bei meiner Ankunft im Exerzitienhaus in Tahi. Die Augen von Pater Musto waren etwas sehr Anziehendes für mich. Sie schienen mehr zu sehen, als es vielleicht zu sehen gab. Die eine Pupille etwas aus der Mitte verrückt. Normale Augen sehen parallel, doch die Bahnen seiner Blicke schienen sich in einem bestimmten Punkt zu treffen, nicht vorbei zu sehen, sondern das zu treffen, wofür es keine Worte brauchte.

Ich saß in seinem Zimmer. Also 30 Minuten Zeit. Was soll ich jetzt sagen? Ich kenn' ihn ja gar nicht, geschweige denn wirklich mich selbst. Fragen stellte er nicht eine. Nur die tänzelnde Flamme eines Teelichtes auf seinem Schreibtisch füllte den Raum. Die Zeit lief, noch 20 Minuten Gelegenheit zum Sprechen. André, du musst was sagen, schien meine innere Unruhe von mir zu fordern. Pater Musto schaute nur, wartete nicht auf etwas Gesagtes. Er war einfach nur da. Beeindruckend. In den täglichen Gesprächen näherte ich mich im Schweigen dem an, was wirklich für mich wichtig ist. Pater Musto war dabei nie ein Korrektiv mit einem Katalog von Ratschlägen. Nie belehrend. Er versteckte sich als Jesuitenpater nicht hinter einer katholischen Lehrmeinung oder den großen Dogmen dieser Welt. Nein, das Leben war unser Thema im Schweigen. Im gegenseitigen Betrachten. Das genügte! Vitus, mein Mitbewohner in Łódź, beschreibt seine Zeit in den Exerzitien bei Dresden wie folgt:

> *„Der Glaube an Gott ist wie der ewige Beginn einer Liebe: Schweigen." – Jean Giraudoux, Suzanne und der Pazifik*

Auf der Suche nach dieser Liebe, dem Glauben zu Gott, ging es mit einigen Vorbehalten und Bedenken auf die beschwerliche Reise ins Unbekannte: Goppeln, ein Ort an der Dresdner Peripherie, sollte gleichzeitig Ziel und Anfang dieser Reise werden.

Die Schweigeexerzitien rückten auch wieder den einfachen Lebensstil in den Mittelpunkt; zum einen beim Packen, denn außer dem Nötigsten sollte eine Bibel und ein Tagebuch reichen, zum anderen durch das Schweigen selbst, die Reduzierung auf das unausgesprochene Wort. Das Schweigen bedeutete einen Rückzug zu sich selbst, wie er in unserem hektischen Alltag gar nicht möglich ist. „Gott ist sehr leise", meinte die Schwester, die die Exerzitien mit begleitete. Ihn zu hören sollte Aufgabe sein. Doch dass das bei den alltäglichen Meditationen gar nicht so einfach war, hatte sich schon zu dem Zeitpunkt herauskristallisiert, als ich auf dem hölzernen Sitzbänkchen Platz nahm, von denen mir der Pater im Vertrauen schilderte, dass es ihm erst nach 19 Jahren gelungen wäre, eine bequeme Haltung einzunehmen. Das Sitzen auf diesem unscheinbaren Möbelstück war teilweise so unbequem, dass ich mir während der Meditationen genüsslich vorstellte, wie es wohl wäre, einfach aufzuspringen, das Bänkchen dabei wegzuschleudern und mit genervter, schmerzverzerrter Stimme zu schreien: ‚Herrgotts Zeiten, sind diese scheiß Dinger unbequem!' In einer solchen Situation, Gottes zartes Stimmlein zu vernehmen, es ist sicher verständlich, grenzte an ein Wunder. Aber wahrscheinlich müssen wir uns erst einer chinesischen Weisheit bewusst werden: „Wenn die Menschen nur von dem sprächen, was sie verstehen, würde bald ein großes Schweigen auf der Erde herrschen."

Die einen mögen sagen, der Katholizismus in Polen sei konservativ und überzogen. Frömmigkeit als gesellschaftlicher Grundtenor. Bevor ich nach Polen ging, hielt ich nicht viel von den konservativen Riten der katholischen Kirche in Deutschland. Alles schien für mich etwas eingestaubt zu sein und einer Erneuerung zu bedürfen. Marienverehrung. Rosenkranz, ein immer wieder monotones Aufsagen. Eine nicht enden wollende Anreihung von Vater Unser und Gegrüßet seist Du Maria. Doch seit ich in Łódź lebe, entdecke ich in der Wiederholung, in der Monotonie die Begegnung mit mir selbst. Ein ‚Zur-Ruhe-Kommen' musste ich erst lernen und kann es immer noch nicht wirklich. Vitus mit seiner ruhigen, ja, introvertierten Art ist für mich ein guter Spiegel und ein guter Gegenpol zu mir in unserer Wohngemeinschaft. Ich bin froh, mit ihm in Łódź zusammenzuwohnen.

Auch wenn es anfänglich sprachlich sehr schwer war, so gingen Vitus und ich jeden Sonntag in den Gottesdienst am Pl. Wolności – am Platz der Freiheit. Anfänglich fielen wir nicht auf, reihten uns in das homogene Bild der knienden Gottesdienstbesucher ein. Im Winter von der rot glühenden Deckenheizung bestrahlt, nahmen wir auf der Suche nach einem bekannten polnischen Wort ganz hinten in der Kirche Platz. Mit der Zeit wurden es immer mehr bekannte Wörter und schon bald reichte es zu einem kleinen Plausch mit Pfarrer Sudowski nach dem Gottesdienst. Wir waren so stolz.

Gekleidet in Sutane, darüber eine schwarze Strickjacke mit aufgesetzten Taschen, fragte er immer, wie es uns geht, ermutigte uns, weiter Polnisch zu lernen, da wir es ja schon so super können würden, und nutzte die Chance, seine Deutschkenntnisse anzuwenden. Auffällig für mich war, dass in Polen Pfarrer außerhalb des Gottesdienstes Sutane tragen. In Deutschland ist man dahingehend etwas ziviler gekleidet. Schwarzes oder graues Hemd mit Kolar, dazu eine dunkle Bundfaltenhose oder Jeans. Der Gottesdienst hier in Polen hat aus meiner Sicht einen anderen Stellenwert als in Deutschland. In Deutschland hat er im Vergleich eine eher kulturelle und weniger spirituell-gesellschaftliche Dimension. Das Verständnis hinsichtlich der katholischen Kirche in Deutschland befindet sich aus meiner Sicht im Spannungsverhältnis zwischen Personenkult und Kultkritik. Ich denke, gerade in Deutschland wird Theologie mit dem Kopf als Geisteswissenschaft betrieben: Diskussionen, Auseinandersetzungen mit Statuten und Dogmen. Welche Rolle hat zum Bespiel der Papst im weltkirchlichen Verständnis? Wie viel Idealisierung ist diesem Amt zuträglich? Ich erlebe Deutschland als kirchenkritisches Land. Dialogdebatten werden geführt. Zölibat, Frauendiakonat sowie die Stellung von Homosexualität in der katholischen Kirche sind nur drei der großen Themen. Die Katholische Kirche in Deutschland bedarf für mich konsequenter Reformen und keiner Dialogdebatten oder starbesetzter Podiumsdiskussionen. Auch wenn mir vermutlich alle Theologen widersprechen werden, so beginnt für mich Kirche im Herzen des Einzelnen und nicht in der Masse.

Als Freiwilliger arbeite ich mit Menschen zusammen, die Hilfe bedürfen und teilweise selbst nicht mehr darum bitten können. Vitus, mein Mitbewohner, arbeitet als Freiwilliger im Spital der Bonifratres (Barmherzigen Brüder) und schildert die Bedürftigkeit der Menschen, gerade in der Sozialstation, wie folgt:

> *„Wenn man an gelebten Glauben denkt, dann doch häufig in der Verbindung mit Nächstenliebe.“*

„Liebe deinen Nächsten wie dich selbst!“, so lautet der viel zitierte, fast schon abgenutzte Anfang der Goldenen Regel. Meist folgt dann eine endlose Reihe an Beispielen, wie Nächstenliebe auszusehen habe. Der zweite Teil „wie dich selbst“ wird dabei häufig unter den Tisch fallen gelassen. So als ob es selbstverständlich sei, dass man sich selbst liebe. Dann steht man so Einem gegenüber. Penner, Kastenloser, Slumdog. Es gibt sie in jeder Gesellschaft. Häufig sind es diejenigen, die den Übergang zwischen politischen Systemen, in den Beruf, in ein geregeltes Leben nicht geschafft haben. Oft fehlte ein richtiges Vorbild oder eine liebende Familie. So stereotyp wie sie abgestempelt werden, so unterschiedliche Lebenswege sind sie gelaufen. Ich habe sie nicht alle gehört, die Lebensgeschichten, aber ich habe die gesehen, die sie durchlebt haben und immer noch durchleben. Man sieht in ihre markanten, wie es so schön heißt, vom Leben gezeichneten Gesichter. Sie sind vielleicht etwas ungepflegt; der eine mehr, der andere weniger. Aus manchem haucht der Alkohol, der Geruch der Straße. Doch die meisten wohnen in einer Sozialwohnung.

Es ist nahezu jedes Alter und Geschlecht vertreten, auch wenn die Männer deutlich in der Überzahl sind. Sie kommen in die Sozialstation, um sich zu waschen, saubere Wäsche, ärztliche, vielleicht sogar klinische Hilfe oder aber, um Essen zu bekommen. Ich habe sie meist nur bei der Essensausgabe gesehen. Bruder Ryszard hat sie in seiner unnachahmlich herzlichen und gleichzeitig ulkigen Weise sofort beim Eintritt in Empfang genommen. „Du setzt dich hierhin unterm Kreuz. Da bist du gut aufgehoben." Noch bevor der Glückliche sich nach dem ersten Teller Suppe wehren konnte, hat ihm Ryszard schon den nächsten unter die Nase gehalten. Unsere besondere Freundin war immer Basia, eine kleine, geradezu putzige Frau mit Trisomie 21, deren Füße gar nicht bis zum Boden reichten, wenn sie auf dem Stuhl saß. Auch wenn sie hörbar Probleme mit der Aussprache hatte, für ein freundliches „Grüß' Gott!" oder „Guten Appetit dem Herrn!" hat es aber immer gereicht. Auch den einen oder anderen Witz auf ihre Kosten wusste sie geschickt zu kontern. Wenn sie dann nicht um 13.45 Uhr da war, machte sich schon jeder Gedanken, wo sie denn so lange bleibt. Erst hing sie immer ihren Mantel um ihren Stuhl, auf dem sie immer saß, nahm ihre zwei Plastikbehälter, in denen einmal Eis und Quark waren, aus ihrer Tüte heraus, die ihr meist von den Brüdern mit Suppe gefüllt wurden, nahm ihre zwei Teller Suppe entgegen und rollte dann ihren mitgebrachten Löffel mit beeindruckender Langsamkeit aus der Serviette. Danach senkte sie leicht den Kopf, schloss etwas die Augen und machte, so gut es ihr möglich war, ein Kreuzzeichen. Ich habe ihr dabei immer gerne zugesehen, auch wenn sie einen dann leicht perplex anschaute.

In diesem kleinen Zeichen zeigte sich mir gelebter Glaube einer Frau, die es durch ihre Behinderung nicht leicht hat.

Die angebotene Hilfe wurde unterschiedlich aufgenommen. Eine Frau küsste die Hand der Stationsleiterin, weil sie nun auch für ihren Sohn eine Ration bekam. Das extreme Gegenteil habe ich in der Chirurgie erlebt. Ein Obdachloser ließ zwar bereitwillig die erste Operation über sich ergehen, nachher wollte er aber sofort gehen und hat sich so beharrlich gewehrt, dass er nach einer surrealen Kampfszene mit den Stationsschwestern, bei der sich sein schwacher Zustand zeigte, für einen Tag am

Bett festgebunden werden musste. Hilfe um jeden Preis – gelebter Glaube? Manchmal muss man doch die unvernünftig anmutenden Entscheidungen der Bedürftigen aus ihrer Freiheit heraus akzeptieren. So kann man einem jungen Mann zwar Kleidung, Wohnung und Arbeit anbieten, bevorzugt er aber seine Freiheit, muss man ihn ziehen lassen.

Vielleicht muss man nicht nur sich selbst lieben, um dem Nächsten helfen zu können, sondern der Bedürftige sich auch. Es könnte aber auch sein, dass das, was wir als Hilfe verstehen, für einige keine ist.

Lebendiger Glauben ist eine Haltung, mit der ich Menschen begegne, nicht weil sie bedürftig sind, sondern weil sie an erster Stelle Menschen sind. Die Bedürftigkeit eines Menschen ist doch Handlungsauftrag im Sinne der menschlichen Vernunft.

Abschließend möchte ich die Essenz des einleitenden Zitats Meister Eckharts fokussiert aufgreifen:

»Warum liebst du die Gerechtigkeit?«

»Um der Gerechtigkeit willen.«

»Warum liebst du die Güte?«

»Um der Güte willen.«

»Warum lebst du?«

Wenn man sich nach all den ganzen Ausführungen die Frage nach einem Warum stellt, so bewegen wir uns auf dem Glatteis der Rationalität. Meister Eckhart führt uns dies in seiner dialogischen Reflexion vor Augen. „Warum liebst du die Gerechtigkeit?" Zieht man an dieser Stelle das Gleichnis des barmherzigen Samariters hinzu, so wird klar, dass durch den persönlichen Einsatz für Gerechtigkeit Glaube sichtbar wird. Gerechtigkeit heißt nicht, richten oder bewerten im Sinne eines juristischen Beschlusses, sondern die Annahme einer bedürftigen Person in seiner jeweiligen Lebenssituation. Annahme ist keine Tat, die die eigene charakterliche Größe in den Vordergrund stellt, es geht um das Gegenüber. Annahme heißt gerade für mich in den täglichen Kontakten mit Überlebenden verschiedener Ghettos sowie Konzentrationslager auch Aushalten. Die Nummer auf dem Unterarm des Gesprächspartners, die sich stellenden Fragen. Die glasigen Augen, wenn sie von früher erzählen. Weinen und es eigentlich nicht wollen.

Gerechtigkeit in ihrer Ehrlichkeit ist eine Ausdrucksform des Glaubens. Leider oft subjektiv gefärbt, fragt sie nicht nach einer Bewertung, Moral oder nach einem Urteil, sondern versucht systemische, gesellschaftliche Defizite durch Liebe auszugleichen. Ergo ist doch die Antwort auf die Frage „Warum liebst du die Gerechtigkeit?", der Liebe wegen. Spätestens jetzt wird klar, in welche Dynamik Meister Eckhart den Leser treibt. Aus der Beantwortung dieser Frage nach der eigenen Gerechtigkeit resultiert für ihn fast schon kausal die Frage nach der Güte und dem eigenen Bezug zu ihr. Er hinterfragt mit dieser inhaltlichen Steigerung unsere eigene Motivation zum Dienst am Nächsten, im Spital, am Krankenbett, in den Besuchsdiensten, beim Ausfahren des Essens. Warum und mit welcher Haltung begegnen Vitus und ich, als Freiwillige, dem Bedürftigen? Welche Form von Glaube formuliert die Güte? Ist die Güte selbstgerechtes Mitleid? Eine Selbstvereitelung? Ein Angerührtsein aufgrund eines Defizits im Gegenüber? Um diese Frage der Güte im Ansatz beantworten zu können, ist es wichtig, den bedingungslosen Altruismus Gottes zu verstehen, der sich in der Hingabe des eigenen Sohnes manifestiert.

In der ersten Leidensankündigung (LK 20-23) gibt Jesus den wichtigen Impuls zur selbstlosen Nachfolge. Wenn wir uns nun durch unseren Einsatz im Kleinen in diese Nachfolge stellen, zu den Kranken gehen, den Hungrigen das Mittagessen mit dem VW-Bus ausfahren, so wird die Intention von Caritas im Alltäglichen lebendig und Glaube bekommt im diakonischen Dienst ein Gesicht.

Meister Eckhart fragt in dieser Reflektion gezielt nach dem eigenen Ich – „Warum lebst du?“. Diese Frage verlangt keine Auseinandersetzung mit einem geisteswissenschaftlichen Konstrukt, sondern stellt das Geheimnis des persönlichen Seins in den Mittelpunkt. Ich beantworte für mich die Frage Meister Eckharts „Warum lebst du?“ mit „Damit Glaube lebendig werden kann.“

In diesem Sinne Grüße aus Łódź
Euer André

Der Weise

André Biakowski

Der Weise ist und will nicht sein
Der Weise fragt nicht um der Antwort Will'n
Der Weise schweigt und spricht doch zu Dir
Der Weise ist die Ehrlichkeit

Triffst Du ihn, so schweige sacht
Lass die Stille für dich reden
Den Moment die Worte zu ihm tragen
Spüre des Weisen leise Macht

Und wirst Du einst selbst ein Weiser sein
Der in sich ruht, denkt und lebt
Auf seinem Stuhl die Welt ansieht
So fallen Dir diese Worte ein:

Der Weise ist und will nicht sein
Der Weise fragt nicht um der Antwort Will'n
Der Weise schweigt und spricht doch zu Dir
Der Weise ist die Ehrlichkeit

Hallo ihr Lieben,

schwarze Stoppeln bohren sich durch den weißen Schaum. Wangen, Nase und Mund einer Winterlandschaft gleich. Zwei Augen, kristallblau, schauen mir tief in die Pupillen, während sich Bahn für Bahn der kleine ‚Wilkinson-Minischneeschieber' durch die Schaummassen schiebt. Glatte Haut. Pan Gwizdka spannt die Oberlippe über die Zähne, pumpt Luft in die linke Wange und scheint sich zu fragen, was gerade passiert. Tropfe mir das wohlriechende Rasierwasser in die Handflächen und streiche ihm damit über die Wangen. Anfänglich verwundert über so viel Nähe von einem Mann, scheint ihm der sich rasch ausbreitende Geruch zu gefallen. Grinst mich frisch rasiert kindlich an und schweigt wie immer weiter vor sich hin. Wenn er aber sein Schweigen plötzlich bricht und anfängt zu singen, so sind es für mich bewegende Momente. Alte Texte aus Kindheit und Jugend rezitieren sich aus seiner Welt in meine hinein und scheinen seinen Geist für einen kurzen Moment zu erhellen.

Wirklich wissen tue ich nichts über ihn. Nur ein Foto an der Wand im Hintergrund gibt mir eine Idee von ihm einst. Der zielstrebige Blick des Direktor Gwizdkas will so gar nicht mit dem Blau seiner Augen von heute, der Art, wie er die Lider müde hebt und senkt, zusammenpassen. Das frisch gebügelte, weiße Hemd und die farblich abgestimmte Krawatte auf dem Foto an der Wand im Heute eingetauscht gegen Strickjacke und Turnhose. Wenn er von seinem Leben erzählt, so schweigt er. Schaut in den Raum. Der Glanz seiner Augen, seine Mimik in Zeitlupe, sind für mich die kleinen Botschaften eines erfolgreichen, alten Mannes mit Herz. Manchmal ganz unverhofft zeichnet sich in seinem Gesicht ein fast schon schelmisches Grinsen ab und der Charmeur Gwizdka strahlt mich an.

Betrat ich das Wohnzimmer von Pan Gwizdka, so sah ich links über seinem schweren Ohrensessel dieses Bild und ihn gebeugt auf dem Sofa sitzen. Zwei Welten schienen aufeinander zu prallen. Er im schwarzen Anzug als Abzug auf Papier und er in blauer Trainingshose, die Arme rechts und links von Kissen gestützt, auf dem Sofa. Mit starrem Blick. (Foto: Joanna Sokolowska-Gwizdka)

Seine Welt scheint schon lange nicht mehr aus Worten zu bestehen. Die Zuwendungen seiner Frau, liebevoll nennt sie ihn ‚Vögelchen'[17], erwidert er schon lange nicht mehr mit Worten, doch Blicke sind es, die sich im Herzen tief berühren. Wie in Zeitlupe winkelt Pan Gwizdka, in seinem Sessel etwas schief sitzend, den Arm an. Setzt den Ellenbogen spitz aufs Knie auf. Schwer fällt sein Kopf in den zitternden Handteller. Er beginnt zu schlafen. Ich sehe die eintätowierte Nummer auf seinem den Kopf stützenden Unterarm. 120165 – Auschwitz. Sechsstellig, eine Nummer als kleinste Einheit einer Katalogisierung. Sein eigentliches Todesurteil in Zahlen.

Pan Gwizdka schreibt 1984 in seinem Reisebericht „Eine Reise mit dem Maximilian-Kolbe-Werk nach der Bundesrepublik Deutschland zur Versöhnung zwischen Deutschen und Polen 18.6.-9.7.1984" folgende Gedanken:

„Und alle waren so glücklich! In diesem Moment habe ihn beneidet! Im guten Sinn! Mutti! Sie haben noch Mutti bei sich! Und meine Mutti? Wo ist sie? Meine Mutti ist nicht mehr zwischen den Lebenden! Sie ist während des Krieges gestorben. Sie lebte kaum 47 Jahre! Für mich ist sie nicht gestorben. Sie lebt weiter im Himmel!

Wenn ich zum Beispiel vor einer Entscheidung stehe, dann frage ich immer meine Mutti, was ich machen soll. Und das, dass ich überhaupt lebe, glaube hat meine Mutti den allmächtigen Gott um mein Leben erbeten. Ich glaube, dass meine Mutti nicht nur um mein Leben erbeten hatte, aber auch für das Leben unsere ganze Familie, während des schwersten Zeitabschnittes des Krieges, während unseren Aufenthaltes in

17 **Kommentar:** Wenn man sich den Familiennamen Gwizdka vom polnischen Verb ‚gwizdac' (pfeifen) ableitet, so bekommt der liebevolle Kosename ‚Vögelchen' nochmals eine tiefere Bedeutung.

Pan Gwizdka war ein Weiser. Keiner, der die großen Zusammenhänge dieser Welt erklärte. Keiner, der Antworten auf jede Frage hatte. Nein, er saß einfach nur auf seinem Sofa und schwieg in den Raum hinein. Doch in seinem Schweigen und in der Art, wie er förmlich durch das Nichts im Raum hindurchblickte, erzählte er vom Leben. Stellte Fragen und ich fand Antworten in mir. (Foto: Dr. Jacek Gwizdka)

Konzentrationslager. Und vielleicht muss unsere Mutti sein Leben opfern, damit seine Kinder retten?

3 Kinder – eine Tochter (geboren im Jahre 1920) und zwei Söhne (einer geboren 1922 und der zweite, ich, 1925) wurden nach Konzentrationslager Auschwitz-Birkenau geschickt und der dritte Sohn (geboren 1914) befindet sich in den Kriegsgefangenenlager-Offizierslager.

Wie kann das alles ein Herz der liebende Mutti aushalten? Aber sie hat ihre Kinder gerettet! Sie leben noch weiter! Sie haben alle mit Gotteshilfe ausgehalten! Weil unsere Mutter den Gott erbeten hatte!"

Als wenn er der Welt bereits alles gesagt hätte, sitzt er heute in seinem Sessel und scheint keine Worte mehr zu haben – schweigt und spricht doch. Ohne Worte. Sein Sein ist Antwort und Frage zugleich. Das Festhalten meiner Hand, die Einladung, in sein Leben zu schauen, um vielleicht daraus zu lernen. Bereitwillig lässt er sich Löffel für Löffel Käsekuchen in den Mund schieben und trinkt mit zittriger Hand leichtgezuckerten Früchtetee. Augen, seine gebliebenen Worte, erzählen vom Leben. Das Alter, die schrecklichen Erfahrungen, haben ihn tief geprägt. Das Kleiden von Inhalten in Worte ist für ihn längst zu einer unnötigen Oberflächlichkeit geworden. Wenn ich ihn zur Seite gelehnt so vor mir sitzen sehe, frage ich mich, was ist Alter? Ist es die Summe von angesammelten Lebensjahren? Der in Zahlen erfassbare körperliche Verfall? Das Zählen der täglichen Tablettenrationen sowie der Broteinheiten?

Für Pani Śmichowska, einer weiteren Überlebenden, die ich oft besuchte, mag das auf den ersten Blick zutreffen. Mit dem Zeigefinger tippe ich 40, den Haustürcode, ins Domophone. Kurzes Warten und die Tür springt auf. Bin im Treppenhaus. Nehme freudig zwei Stufen auf einmal und stehe vor ihrer Wohnungstür.

Obwohl bereits einen Spalt geöffnet, klopfe ich trotzdem an. Raumduft – vermutlich Kiefer – strömt mir entgegen. „Proszę!", „Bitte!", sagt aus dem Inneren der Wohnung eine Frauenstimme, der ich die ganze Schwere des Alters entnehmen kann. Gebeugt steht sie abgestützt auf der Anrichte in ihrer Küche und wirft mir einen Blick zwischen Schmerz und Freude zu. Ich stelle den Thermobehälter mit dem Mittagessen auf den Küchentisch. Sie streicht mir mit zitternder Hand zur Begrüßung über die Wangen. Ich bücke mich dabei etwas zu ihr hinab. Ihre zarten Berührungen sind mehr als nur Begrüßung. In ihnen liegen das Sehen der Jugend in mir sowie das gleichzeitige Erkennen des eigenen unaufhaltbaren Alterns – die Sehnsucht, nochmals 29 sein zu können.

„Die Deutschen haben eine hohe Kultur!", so Pani Śmichowska, eine Frau, die selbst Überlebende der gesellschaftlichen und politischen Abgründe durch die SS-Diktatur ist. Wie kann sie zu so einer Erkenntnis im Alter kommen? „Die Deutschen haben Niveau und die Russen sind Barbaren!" Ich gehe auf ihre Aussage nicht ein, lasse das Gesagte im Raum stehen und mache mir dennoch so meine Gedanken. Vielleicht bezieht sich ihre „hohe Kultur der Deutschen" nicht auf die Schreckenszeit und die Besatzung Polens, die sich bei vielen als nationale Katastrophe in das Gedächtnis eingebrannt hat, sondern auf die Art und Weise der Versöhnungsarbeit seitens der Deutschen nach dem Krieg. Es bleibt für mich nur Spekulation. Der Kniefall Willy Brandts am 7. Dezember 1970 vor dem Ghettodenkmal in Warschau führte, nach Thomasz Kranz, Historiker, wieder das Bild des guten Deutschen in das allgemeine Bewusstsein der Polen ein. Zwei weitere historische Situationen, auf die sich die Aussage von Frau Śmichowska stützen könnte, sind die klaren Worte sowie die demütige Entschuldigung Roman Herzogs in seiner Rede anlässlich des 50. Jahrestages des Ausbruchs des Warschauer Aufstandes sowie die versöhnliche Umarmung zwischen dem damaligen polnischen

Ministerpräsidenten Tadeusz Mazowiecki und dem ehemaligen Bundeskanzler Helmut Kohl am 12. November 1989. In der nachträglichen Reflexion beeindruckt mich der Satz von Pani Śmichowska zutiefst. Sie stellt mir keine Schuldfragen. Erkennt einfach, dass ich einer anderen Generation angehöre und meinen kleinen Beitrag zur Versöhnung leisten will, indem ich ihr das Mittagessen bringe und so gut es geht die polnische Sprache erlerne. Die zwei Stückchen Schokolade zum Dank fürs gebrachte Mittagessen zeigen mir ihre Größe des Vergebens und sind für mich ein Symbol der Versöhnung zwischen Deutschen und Polen im Kleinen.

Warum überschütten die Menschen, die ich besuche und betreue, mich nicht mit Vorwürfen? Warum klagen sie mich nicht einfach an? In ihrer Anklage hätte ich eine klarere Rolle. Könnte argumentieren, dass ich doch ein Guter aus Deutschland bin. Ihre Beschuldigungen würden mir eine klare Position ermöglichen. Doch die Herzlichkeit und unglaubliche Gastfreundschaft brechen mir das Herz, machen mich sprachlos. Ich kann mich nicht bei ihnen entschuldigen, weil ich ihnen nichts getan habe, nichts dafür kann, in Deutschland geboren zu sein. Und doch spüre ich eine Art Schuld in mir, die nicht begründbar ist. Das emotionale Gemisch aus tiefer Dankbarkeit, Demut und dem utopischen Wunsch, das Schreckliche von damals ungeschehen zu machen, lastet schwer auf mir.

Wenn mich Pan Oszurkiewitz mit seinen weißen Haaren angrinst, so gehen mir sein Lachen, seine vom Alter glasigen Augen unter die Haut. Pan Oszurkiewitz hat die Hölle von Dachau überlebt und steht mit ausgestreckten Armen väterlich vor mir. Vor einem Deutschen. Nicht zum Appell oder zum Strafestehen in eisiger Kälte und Regen, sondern um mich zur Begrüßung in seine Arme zu schließen. Ich lasse die Nähe zu und halte sie aus. Rieche sein vielleicht vor fünf Minuten frisch aufgelegtes Rasierwasser. Pitralon oder Hâttric. Drehe meinen Kopf an seiner Schulter etwas zur Seite und frage ihn leise:

„Jak Pan czuje się?" – „Wie geht es Ihnen?" Er schmunzelt etwas in sich hinein. Wir schauen uns in die Augen, schweigen kurz. „Gut! Gut geht es mir" und klopft mir freundschaftlich auf die Schulter.

Die heutige Jugend trägt keine Schuld an den Gräueltaten von einst, ist dem Schoß der Schreier auf dem Reichsparteitagsgelände in Nürnberg über Generationen hinweg entwachsen. Doch hat sie Verantwortung. Die Pflicht zur politisch-historischen Bildung. Doch resultiert für mich aus dieser Pflicht eine Frage: Was ist der Mensch? Diese Frage ist nicht national oder in einem religiös abgegrenzten Raum zu stellen, sondern es ist die Urfrage, sucht man nach dem Sinn oder gar nach einer Begründung menschlichen Handelns. Will man das Geschaffene verstehen, so muss man nach dem Schöpfer oder Urheber fragen. Ich bin kein Philosoph, Soziologe oder Verhaltensforscher. Meine Zeilen sind spekulativ ohne entsprechende akademische Bildung. Doch wenn ich mit Jurek die bis zu 25 Mittagessen ausfahre, Eintritt in verschiedene kleine Welten zwischen Vorsicht, Freude, Schmerz und Verzagen erhalte, so drängt sich mir die Frage nach der Definition des Menschen auf. Ich denke, das Hauptproblem des Menschen ist sein Definitionswahn. Er glaubt aufgrund einer geistigen Evolution, alles definieren zu dürfen und zu müssen. Der Mensch hält es nicht aus, Dinge sinnoffen zu belassen. Taxierend und reflektierend über seinen Standpunkt im Kontakt mit anderen geht er durchs Leben. Der Mensch ist in seinem Innersten aus meiner Sicht eitel, weil er glaubt, nur so überleben zu können. Die Grenze zwischen Inszenierung und wirklicher, authentischer Persönlichkeit ist meist verschwommen und unscharf. Es ist doch wichtiger, den Menschen als solchen zu sehen, ohne sich mit voreilig definierenden Fragestellungen über ihn zu beschäftigen. Ihn defizitär zu betrachten. Genau an diesem Punkt setzt für mich im ganz Kleinen ein Erklärungsansatz der damaligen Massenvernichtung von ganzen Völkern an. Der Mensch hat damals den Menschen auf abscheuliche Art und Weise definiert. Über ihn Kriterien aufgestellt. Rassentheorien. Die systematische Beraubung der religiösen und kulturellen Intimität ganzer Völker legte viele auf die Schlachtbank eines in Deutschland demokratisch gewählten Schlächters. Die perfiden Nummerierungen in Auschwitz, die Hetze auf den Straßen, die Ghettoisierungen in vielen europäischen Großstädten modifizierten Individuen zu Rohstoffen für die Industrie. Der Mensch wurde austauschbar. Sein Wert und sein Recht auf Existenz wurden gemessen an der Effektivität seiner Arbeitsleistung in Lagern und Fabriken wie z.B. in den IG Farben-Werken[18]. Selbst dem vernichteten Menschen wurde noch die Würde des Sterbens abgesprochen. Nein, er wurde ausgeschlachtet und sein Wert beschränkte sich auf den Marktwert seiner Haare für die Textilindustrie sowie auf seine Goldzähne als Devisengold für die Banken[19].

Es lässt sich einfach schreiben, dass die Menschen, denen ich das Mittagessen bringe und die ich besuche, allem beraubt wurden. Doch was heißt das eigentlich? Die unglaubliche Destruktivität hat die Menschen nicht nur entwertet, sondern entmenschlicht. Sie hatten kein Recht mehr auf Leben, Meinung oder auf irgendetwas. Aber ein Mensch ist doch ein Mensch, weil er mit Vernunft begabt ist. Weil er sich im Gegenüber erkennen kann. Weil er liebt und trauert. Er weiß, was Schmerz ist. Wenn doch der Mensch weiß, dass hinter dem Tod die Trauer der Angehörigen lauert, wie kann er dann morden? Also warum? Warum wurde den vielen Opfern in den ver-

---

18 Ulrich Herbert, Karin Orth, Christoph Dieckmann (hrsg.): Die nationalsozialistischen Konzentrationslager – Entwicklung und Struktur Band I, Göttingen 1998, S. 585 ff.

19 Clemens Jabloner, Brigitte Bailer-Galanda, Eva Blimlinger, Georg Graf, Robert Knight, Lorenz Mikoletzky, Bertrand Perz, Roman Sandgruber, Karl Stuhlpfarrer, Alice Teichova: Schlussbericht der Historikerkommission der Republik Österreich – Vermögensentzug während der NS-Zeit sowie Rückstellungen und Entschädigungen seit 1945 in Österreich, Wien 2003, S. 239

schiedenen Konzentrationslagern und Ghettos alles genommen? Eltern, Geschwister, Freunde, vielleicht sogar der Glaube an einen Gott? Die Hoffnung? Wo war der Allmächtige während der Deportationen? In den Gaskammern? Bei den Erschießungen? Als ihre Seelen in dem braunen Schlamm der Lager zertreten wurden? Wie kann Gott allmächtig sein, wenn er zusieht, wie die Abbilder seiner selbst gequält werden und im Zyklon B erstickten? Wie ist dieses scheinbare Paradoxon der Theodizee aufzulösen? Ich bin ehrlich, ich habe keine Antwort darauf.

Mit einer ungeschminkten Menschlichkeit berichtet Pani Zofia B. von der schrecklichen Zeit in Auschwitz. Ihre Augen sagen all das, wofür die Kraft einer Sprache fehlt. Aufgestützt auf ihre gelbe Krücke, die sich farblich so gar nicht in das Wohnzimmer integrieren will, geht sie langsam zur Kommode. Mit Tränen in den Augen gibt sie mir fünf Briefe. Drei sind mit Hitler frankiert. Absender Auschwitz-Birkenau, Empfänger ihre Familie in Litzmannstadt, dem heutigen Łódź. In ihrem Vertrauen ist kein Platz für Eitelkeit oder Inszenierung. Sie bittet mich unter Tränen die Briefe zu lesen.

„Niemand in Litzmannstadt wusste, was genau dieses Auschwitz war! Und als ich im Lager ankam, wurde ich vom Himmelfahrtskommando begrüßt. Ich wusste nicht, wo ich bin", bricht es aus ihr heraus, während ich lese.

„Was denken Sie, wenn Sie heute dies alles einem Deutschen – mir – erzählen? Mir Ihre Briefe zu lesen geben?"

„Du warst nicht im Krieg!", ihre schnelle, unglaublich klare Antwort.

„Denken Sie nicht, dass vielleicht mein Vater oder Opa ein potenzieller Mörder gewesen sein könnte?"

„Nein!", dann schweigt sie.

Stille erfüllt den Raum. Synchron führen wir die Tasse zum Mund. Sie trinkt Kaffee und ich Tee. Ohne Zucker.

Liebe Grüße
Euer André

P.S. Pan Stanilaw Gwizdka ist, während ich an diesem Brief schrieb, verstorben. In Freiheit und nicht unter der Nummer 120165.

Das Pogrom

André Biakowski

Gedanken

Wort

Steine

Flammen

Schüsse

Morde

Stille

Ohnmacht

Fragen

Gedenken!

Hallo ihr Lieben,

heute ist wieder einer dieser Tage, an dem man sich ärgert, den morgendlichen Sonnenstrahlen vertraut zu haben. Mit hochgezogenen Schultern ziehe ich durch die Straßen von Łódź. Der Wollpullover klebt unter meiner Jacke auf der Haut. Fühle mich eingeengt. Unwohl. Unaufhörlich attackieren mich die Regentropfen. Blitzschnell und treffsicher. Eine wirkliche Chance, ihnen zu entkommen, habe ich auch unter den teils sanierungsbedürftigen Vordächern nicht. Nasse Gesichter kommen mir auf der Straße entgegen. Münder und Augen zu Fratzen verzogen. Ein Spiegelbild des Unbehagens.

Ohne den Aushang gelesen zu haben, drücke ich die tropfende Türklinke nach unten. Ich habe Hunger und eine heiße Tasse Tee oder Kaffee ist in meiner Situation auch nicht das Schlechteste. Stehe in der Eingangstür des Restaurants Anatevka. Hinter mir der prasselnde Regen, glitschig und kalt, und vor mir das nicht aufgesetzte Lächeln einer Frau. Entgegenströmende Wärme lockt mich in das Innere. Sofort scheine ich Teil einer großen Familie zu werden, die ich gar nicht kenne, und die sich durch ein Kommen und Gehen ständig verändert. Die tropfende Jacke wird mir abgenommen und auf einem hölzernen Kleiderbügel in einen großen, schweren Eichenschrank gehängt. Eine Garderobe sucht man in diesem jüdischen Restaurant Anatevka vergebens. Stattdessen in der Ecke eines großen Raumes eine kleine Malnische mit Staffelei und Ölfarben. Keine neuen Tuben, sondern jene gebrauchten, halbleeren, von hinten her ein Stück aufgerollten, liegen in einem Zigarrenkästchen auf dem Boden. Auf einem schweren Holzbalken, als Dach der Malnische, sitzt eine Geigenspielerin. Nicht älter als 25. Ihre Melodie aus dem Musical ‚Der Fiedler auf dem Dach' nach dem Roman ‚Tewje der Milchmann' von Scholem Alejchem, ist der Grund, warum mir dieser Raum zum Wohnzimmer wird. Wenn ich einmal reich wär`..., die wohl bekannteste Melodie spielt sie in einer Art, die mir ans Herz geht. Ich scheine durch ihr Spielen als Gast in diesem Restaurant innerlich Mitglied der kleinen jüdischen Gemeinschaft im Dörfchen Anatevka zu werden. Sehe vor mir den ärmlichen, auf jüdische Traditionen besonnenen Protagonisten Tewje, wie er sich im zaristischen Russland, in der heutigen Ukraine, trotz der drohenden Pogrome seinen Lebensmut bewahrt.

Ich bin ohne Begleitung und so setze ich mich an einen Zweiertisch. Bestelle Früchtetee – heißen – und blättre in der Speisekarte. Was isst man in einem jüdischen Restaurant in Polen? Bestelle Piroggen.

Mit einem Schmunzeln scheint jede meiner Handlungen von den liebevoll in Öl gemalten Männern an der Wand beäugt zu werden. Kleine Bilder sind es. Ihre Gesichtszüge friedlich, introvertiert und rechtschaffend. Geldzähler und Musikanten. Männer mit krausen Bärten. Jüdische Männer mit strahlenden Gesichtern.

Erst jetzt bemerke ich, dass die weiße Häkeldecke unter meinem Teller aus lauter kleinen Davidsternen besteht. Dampfend stehen sie also da, meine koscheren Piroggen inmitten eines gehäkelten Sternenmeeres. Hier im Anatevka. In Łódź, einer Stadt, in der es die zweitgrößte jüdische Gemeinschaft Polens gab. Vorm Krieg. Damals. Zweiertisch. Die Romantik ‚meines Wohnzimmers', die Atmosphäre des Restaurants, wird getrübt durch das penetrante Fragen der Geschichte. Ein mir gerade unliebsamer Gast. Sie formuliert für mich die Frage, warum diese Stadt, wie so viele in Polen in den Jahren 1939 bis '45, des jüdischen Kulturguts erbarmungslos beraubt wurde. Ich frage mich weiter, was bedeutet es für eine Stadt (oder ein Land), dieser religiösen Qualität beraubt zu werden? Städte sind Gesellschaftszentren, Gegenpole zur freien Natur. Bestechen durch analytisches Strukturiertsein. In ihnen grenzt sich der Mensch in Gemeinschaften von der Natur als solcher ab.

Städte sind das Spiegelbild einer Zeit – ein Barometer des kulturellen Verständnisses.

Schon immer gehörte in Europa zur gesellschaftlich-kulturellen Reflektion die Religion. Am Beispiel des Judentums, in einer Stadt wie Łódź oder Warschau die religiöse Dimension ‚wegzudeportieren', heißt für mich, sie eines Teils ihrer Identität systematisch zu enteignen[20]. Wir verbinden Pogrome, wie die Novemberpogrome 1938, immer mit brennenden Synagogen oder jüdischen Geschäften. Doch es waren Pogrome letztlich immer an Menschen, nicht an Gebäuden oder Institutionen.

Pogrome gegenüber Juden sind keine Erfindung des Nationalsozialismus mit der apokalyptischen Zuspitzung im Holocaust. Polen hatte gerade durch den Aufstieg des Chassidismus in Osteuropa weitreichenden Einfluss auf das Judentum. Entstanden ist der Chassidismus in der heutige Ukraine als spirituelle Reaktion auf die Pogrome in den Jahren 1648 – 1658. Viele Gemeinden wurden in diesen Jahren systematisch eines geistigen Gutes beraubt und verarmten wirtschaftlich. Als Reaktion auf die Pogrome entstand eine spirituell-geistige Autoemanzipation – der Chassidismus. Als Begründer gilt Israel ben Eliser oder auch bekannt als Baal Shem Tow, Meister des guten Namens (1670-1760)[21]. Gerade ‚Die Erzählungen der Chassidim', gesammelt von Martin Buber, gewähren aus mei-

20 **Kommentar:** An dieser Stelle möchte ich besonders auf Jizchak Katzenelson (geb. 21. Juli 1886 gest. 1. Mai 1944 in Auschwitz) verweisen. Katzenelson arbeitete bis zu seiner Flucht 1939 nach Warschau als Lehrer in Łódź und gilt als der Begründer des neuhebräischen Dramas. In seinem Poem „Dos lid funem oisgehargetn jidischn volk" schildert Katzenelson erschütternd nah den heldenhaften Widerstand sowie die systematische und ausweglose Vernichtung der Juden. Katzenelson vergrub seine Aufzeichnungen unter einem Baum im Konzentrationslager in Flaschen. Wolf Biermann übersetzte dieses Poem behutsam aus dem Jiddischen ins Deutsche. 2004 erschien die Doppel-CD „Grosser Gesang des Jizchak Katzenelson vom ausgerotteten Jüdischen Volk".

21 Gelhardt, Dorothee (Hrsg.): השיגפ – Begegnung Jüdische Studien. in: Pourshirazi, Katja: Martin Bubers literarisches Werk zum Chassidismus, Band 5, Frankfurt/Main 2008, S.56

ner Sicht einen wunderbaren Einblick in die intellektuelle wie spirituell-emotionale Tiefe des Chassidismus.

Im Jahr 1939 lebten ca. 3.460.000 Juden[22] in Polen. Polen verfügte über eine sehr bedeutende kulturell-jüdische Szene von europaweiter Bedeutung. Das Vilna-Ensemble in Warschau gehörte zum Beispiel zu den bedeutendsten jiddischen Ensembles der damaligen Zeit. Jiddische Autoren, wie Isaac Bashevis Singer, erlangten internationalen Ruf. 1978 erhielt Singer den Nobelpreis für sein literarisches Gesamtwerk, nachdem ihm bereits 1974 der National Book Award für seinen Roman ‚Feinde – die Geschichte einer Liebe' verliehen wurde. Aber wie viele Gedanken, Lieder, Texte konnten nicht mehr zu Papier gebracht werden oder wurden für immer vernichtet? Wie viel Kultur raffte die ‚deutschbraune Spalierpest' in Europa dahin? In den Lagern und Ghettos? Für mich ist das Zusammenpferchen von Menschen in Ghettos einem Pogrom gleichzusetzen. Wenn man bedenkt, dass im Warschauer Ghetto, dem größten, auf 2,4% des Stadtgebietes ca. 30% der Bevölkerung zusammengetrieben wurden,[23] so ist der Begriff des Pogroms auch in diesem Zusammenhang mehr als zutreffend.

Am 19. April 1943 erhob sich die jüdische Kampforganisation Żydowska Organizacja Bojowa (ŻOB) unter der Leitung von Mordechaj Anielewicz gegen die Besatzungsmacht. Am 8. Mai 1943 wurde in der Aktion Reinhardt unter der Leitung des SS-Brigadeführers und Generalmajors der Polizei Jürgen Stroop der Aufstand in Warschau blutig niedergeschlagen. Der Film ‚Der Pianist' von Roman Polanski, die Geschichte des Komponisten und Pianisten Władysław Szpilman, greift das

---

22 Gottfried Wagner, Abraham J. Peck: Unsere Stunde Null – Deutsche und Juden nach 1945. Familiengeschichte, Holocaust und Neubeginn. Historische Memoiren, Wien 2006, S. 325

23 Glunz, Pelka, Schneider (Hgg.): Information Warfare – Die Rolle der Medien (Literatur, Kunst, Photographie, Film, Fernsehen, Theater, Presse, Korrespondenz) bei der Kriegsdarstellung und -deutung, Osnabrück 2007, S. 319f.

barbarische Vorgehen der Deutschen im Warschauer Ghetto szenisch auf. In einem Fernschreiben vom 16. Mai 1943 berichtet Jürgen Stroop dem SS-Obergruppenführer und General der Polizei Friedrich-Wilhelm Krüger nach Krakau Folgendes:

„Das ehemalige jüdische Wohnviertel Warschau besteht nicht mehr. Mit der Sprengung der Warschauer Synagoge wurde die Großaktion um 20.15 Uhr beendet (…) Gesamtzahl der erfassten und nachweislich vernichteten Juden beträgt insgesamt 56.065."[24]

Das Judentum stellt die religiöse Grundlage des Christentums dar. Umso unverständlicher ist es für mich, dass es z.B. 1941 in dem kleinen, polnischen Städtchen Jedwabne zu Pogromen von polnischen Bürgern an der jüdischen Bevölkerung kam. Tomasz Gross schildert dies eindrücklich in seinem 2000 erschienenen Buch ‚Nachbarn'. Anlässlich des 61. Jahrestages des Pogroms stellte Radosław Ignatiew am 10. Juli 2002 den Abschlussbericht der Ermittlungen des Institutes für das Nationale Gedenken (IPN) vor: „Es waren Polen, die die entscheidende Rolle bei der Ermordung der Juden von Jedwabne spielten."[25] Wie konnte es, wenn doch die Zehn Gebote des Alten Testaments gleichermaßen für das Christentum wie auch für das Judentum von großer Bedeutung sind, zu solch einer höchst destruktiven Dynamik kommen?

Wenn ich heute bei meinen Besuchsdiensten durch die Straßen ziehe, so scheint es mir, als wenn sich Łódź von der systematischen Identitätsvernichtung bis heute nicht erholt und sich lediglich über die Jahre eine Neue geschaffen hat. Die großen spirituellen jüdischen Zentren, Synagogen, wurden nicht wie-

---

24 Stroop, Jürgen: Fernschreiben (Az.: I ab – St/Gr. – 1670 Tgb.Nr. 652/43 geh. Betr.: Ghetto-Großaktion) Warschau, den 16.Mai 1943

25 Taz – die Tageszeitung, 04.11.2002

der aufgebaut. Heute stehen z.B. auf dem Synagogenplatz in der Ulica Zielona Ecke Ulica Kościuszki kleine Buden, aus denen nicht Matzen, sondern Blumen, Döner oder gegrillte Hähnchen verkauft werden. Nur ein großflächiges Bild der Großen Synagoge, im Hintergrund an eine Hauswand montiert, gibt einen Eindruck von einst.

„W tym miejscu stała Synagoga Wielka, Reformowana, wybudowana 1887 roku, spała przez Niemców w listopadzie 1939 roku."

„An diesem Platz stand die Große Reformierte Synagoge, erbaut 1887 und im November 1939 durch die Deutschen niedergebrannt."

Geplant wurde die Große Synagoge vom Stuttgarter Architekten Adolf Wolff, der übrigens in Esslingen geboren wurde. Finanziert durch Industrielle wie Izrael Poznański, Joachim Silberstein oder auch Karol Schreibler, gab Hilary Majewski die Baufreigabe. Stupide, als wenn an diesem Platz nie etwas von Bedeutung für diese Stadt gestanden hätte, laufen die Menschen in ihrer täglichen Monotonie am Plakat mit der Aufschrift „Pamięci Łodzi" – „Erinnerung Łódź" vorbei. Trams halten und fahren mit ihren unvorhersehbaren Verspätungen an und ab. Das eingebrannte Loch in die Kultur dieser Stadt scheint zur Normalität geworden zu sein.

Der Regen hat aufgehört, und ich esse mit tausend gleichzeitigen Gedanken meine Piroggen. Sitze gebeugt über meinem Teller und höre die Melodie ‚Wenn ich einmal reich wär …' der Geigenspielerin zum wiederholten Mal. Fast schon schäbig komme ich mir als Deutscher in diesem Restaurant vor. Das freundliche Lächeln der Bedienung schneidet sich tief in meine Scham.

Ich schaue aus dem Fenster des Restaurants und denke an Cornelia, eine gute Bekannte aus Deutschland. Sie war extra nach Łódź gekommen, um meine Arbeit als Freiwilliger kennenzulernen, und so nahmen Jurek und ich sie mit auf eine unserer täglichen Obiad-Fahrten im grünen VW-Bus. Zu meiner Überraschung sprachen einige der Zeitzeugen mit ihr in gebrochenem Deutsch und empfingen sie mit der gleichen Gastfreundschaft wie auch mich jeden Tag. Cornelia schaute so durch das Verteilen von Mittagessen für einen Tag hinter die Kulissen und erlebte in der direkten Begegnung Geschichte.

„Mógłbym dostać jeszcze jeden sok jabłkowy poproszę?", versuche ich mir in meinem Polnisch möglichst höflich einen Apfelsaft zu bestellen. Ich wurde verstanden und kurze Zeit später steht vor mir ein kühles Glas Saft. Erinnere mich auch an Tomasz Wajdmann, einen praktizierenden Juden, der Cornelia und mir die Synagoge von Łódź zeigte. Irgendwie erinnerte er mich mit seiner schief aufgesetzten Mütze, wie sie die ‚Bilderbuchfranzosen' mit ihren Baguettes unterm Arm gern tragen, sowie mit seinem flauschigen, grauen Bart an Friedrich Stowasser, Friedensreich Hundertwasser. Seine Worte ließen auf dem Weg zur Synagoge ein Łódź entstehen, das ich vergebens in den Bildbänden der Antiquariate an der Ulica Piotrkowska suchte. Es war sein Łódź.

Ich werde nie vergessen, wie Tomasz plötzlich stehen blieb, mir seine rechte Hand freundschaftlich auf die Schulter legte und mit der anderen auf eine für mich belanglose Hauseinfahrt deutete. Wie er sagte: „Kommen Sie! Hier ist sie!" Ich fragte: „Hier ist was?" Sehe es immer noch vor mir, wie er seinen Schlüssel aus der Hosentasche zog, und wir alle drei kurze Zeit später im ‚Wohnzimmer' des Lodzer Judentums standen – in der Lodzer Synagoge im Hinterhof. Tomasz erklärte alles auf Polnisch und ich kam mit dem Übersetzen von dem, was ich verstand oder glaubte verstanden zu haben, nicht hinterher. Doch was mich am nachhaltigsten beeindruckte, war seine

Frage, ob Cornelia die Thorarolle sehen wolle. Ich brauchte diese nicht zu übersetzen. Sie verstand ihn. Ohne Worte.

Wenn ich so darüber nachdenke – bestelle mir noch einen zweiten Apfelsaft –, so bestand unser Synagogenbesuch mit Tomasz aus vielen vermeintlich kleinen Zeichen, die aber durch die Ehrlichkeit und den Respekt voreinander für mich inhaltlich zu großen Gesten wurden. Es war zum einen die Art, mit der Tomasz behutsam den schwarzen, kostbar bestickten Samtvorhang zur Seite schob, die Thorarolle herausnahm und diese in tiefer Andacht mit ausgestreckten Armen in die vier Himmelsrichtungen zeigte. Cornelia als Frau in ihr lesen durfte. Aber auch zum anderen, wie er uns ‚seine' Synagoge zeigte. Die indischgelb und blau ausgestaltete Empore für den Schnatterverein, wie er die von den Männern abgetrennt sitzenden Frauen nannte. Als auch Cornelias Mut, mit dem sie für Tomasz als Dank das folgende jiddische Lied sang:

„Tsu mir is gekummen a kusine.
Schjen wi gold sie gewen, di grine
Beketech wi rojte pomerantsn,
Fiselech was betn sich tsum tansn …"[26]

Liebe Grüße
Euer André

26 „Zu mir ist meine Kusine gekommen.
Schön wie Gold war sie, die Unerfahrene,
Bäckchen hatte sie wie Pomeranzen,
Füßchen, die einen auffordern zum Tanzen …"

Nicht der Fluss fließt, sondern das Wasser.
Nicht die Zeit vergeht, sondern wir.

(unbekannter Verfasser)

Hallo ihr Lieben,

Zeit ist für mich das Ticken der Uhr, ein abgerissenes, zusammengeknülltes Kalenderblatt, mit dem ich als Basketballspieler in Boxershorts und T-Shirt vom Schreibtisch aus versuche, den Mülleimer in der Ecke meines Zimmers zu treffen. Daneben! Wie ein Atemzug. Vorhin wird zu gestern und ein Gestern zum Damals. Möchte die Zeit festhalten – schau durchs Objektiv der Gegenwart, drücke den Auslöser – mein Handeln – und doch rinnt sie mir durch die Hände. Das Bild auf der Linse meiner Erinnerungen nichts als ein Moment. Zeit scheint das Einzige zu sein, das der Mensch nicht geschafft hat zu manipulieren. Er gehört ihr. Unaufhaltsam bohren sich ihre spitzen Klauen in seinen Verstand. Arbeiten … etwas leisten … ich komme zu spät. Warum kann der vor mir nicht schneller fahren? Steht doch 80 auf dem Schild. Absolutistisch bestimmt sie. Die Länge der Grünphase am Fußgängerüberweg, die letzten fünf Minuten einer unendlich langen Unterrichtsstunde, den Werbeblock im Privatfernsehen, die Tage, bis ich meine Koffer packen werde und damit mein Jahr hier in Łódź als Freiwilliger endet.

Mit einer gewissen Schwere lege ich meinen dicksten Winterpulli zusammen und denke an den harten Winter, den ich in Łódź erlebte. Schnee vom Dach des Zentrums geschippt, damit es nicht einstürzt. Muss schmunzeln und doch tut es weh. Drehe die Musik etwas lauter. Polnisch, nicht deutsch, singt eine Frauenstimme melancholisch sanft. Sortiere Socken zu Paaren zusammen. Werde bald nicht mehr mit der wackligen Tram zur Arbeit fahren. Nicht mehr mit zusammengekniffenen Augen nach einem Wort suchen und dazu schnippend die rechte Hand schütteln, als wenn es mir dadurch einfallen würde. Nein, ein Schaffner wird pfeifen, die Tür knallt zu und wie ein geliehener Videofilm, den man zurückspult, wird sich mein

Zug in Bewegung setzen, bis er an dem Ort hält, wo für mich alles begann. Nürtingen. Vor einem Jahr.

Zeit scheint das Raster zu sein, auf dem der Mensch seine Logik, seine ganze Erkenntniswelt aufbaut und jeden kleinen Quadranten seines Lebens mit den Farben seiner Erinnerungen ausmalt. Mit einem gewissen Abstand betrachtet er dann sein Werk, nennt es Leben und beginnt durch Entscheidungen immer neue Farben zu mischen. Wie viele dieser Bilder durfte ich in meinem Jahr als Freiwilliger in den unterschiedlichen Begegnungen betrachten? Es waren nie vollständige, doch für die kleinen, mir zugänglichen Ausschnitte bin ich sehr dankbar. Ich hatte die Möglichkeit mit Überlebenden der unterschiedlichsten Ghettos sowie Konzentrationslager zu sprechen. Von ihnen die polnische Sprache zu lernen. Am Pflegebett von Pan Zbiegniev. „Ich denke, dass ...", lernte ich von ihm. Lernte neue Vokabeln beim Rasieren von Stanislaw Gwizdka. Beim Essenausfahren mit Jurek. Bei den Beerdigungen.

Stirbt ein Mensch, so scheint der Rahmen sich um sein Werk, um sein Leben, zu schließen und dieses mit dem Hinabsenken des Sarges der Welt im Gedenken übergeben zu werden. Ich sehe vor mir immer noch das stopplige Gesicht von Stanislaw Gwizdka. Die Art, wie er mit mir sprach, ohne sich dabei Worten zu bedienen. Das Bild, er als Direktor, im Hintergrund. Weißes Hemd und schwarzer Anzug. Die Trauer, als er starb. Es ist etwas ganz Tiefes, einen solchen Menschen zu pflegen, einfach für ihn da sein zu dürfen.

Ich stelle mir schon die Frage, ob ich die Zeit hier in Łódź hätte intensiver nutzen können. Bin mit dem erlernten Polnisch nicht zufrieden, wenngleich ich mich gut verständigen kann. Hätte ich mehr Gespräche mit den Menschen, den Überlebenden, führen sollen? Weiß es nicht. Warum kann der Mensch die Zeit nicht im Jetzt erfassen? Nach ihr greifen, sie nutzen? Nein, der Mensch versteht das nicht. Lässt sie verstreichen. Das Jetzt ist für ihn ohne Definition, zu neutral. Was fängt er damit an?

Jetzt, der Nullpunkt in seinem zeitlich-analytischen Denken. Zeit ist etwas von bis. Doch das Jetzt ist die kleinste und kostbarste Einheit, denn in ihr ruht die Zeit und treibt nicht. Ist frei von Hetze und der Frage nach Effektivität. Wir können den Kampf gegen die Zeit nicht gewinnen, kein 100-Meter-Sprinter bei den Olympischen Spielen, keine Rakete zum Mond. Doch die unbesiegbare Zeit hat einen Schwachpunkt – den Moment. Diesen zu entdecken, setzt neue Dimensionen frei. Wenn wir den Moment begreifen und nach ihm den Nächsten, so würden wir die treibende Zeit entmachten.

Was sind das für Situationen, den Sonnenuntergang von einem Felsen aus zu beobachten und in sich versunken zu sein? Sich mit einem guten Freund die ganze Nacht zu unterhalten? Nicht zu spüren, wie die Zeit vergeht? Für mich ist das die Entmachtung der Zeit. Das Jetzt. In diesen Situationen beginnt für mich eine Ehrlichkeit dem gegenüber, an das ich glaube. Gott. Dieser fragt nicht nach der Vergangenheit, legt die Zukunft nicht offen dar. Vielleicht seine Art, dem Menschen nicht zu viel zuzumuten.

Nichts zu tun, heißt nicht, untätig zu sein. Es heißt nur, nichts zu verändern, nichts zu definieren, nichts zu bewerten. Der Mensch glaubt, aus meiner Sicht, nur Mensch sein zu können, wenn er etwas erschafft. Im Geschaffenen meint er sich selbst erkennen zu können. Zur Ruhe kommen und nicht auf das Geleistete, sondern auf sich selbst zu schauen, war für mich in meinen ersten Schweigeexerzitien die größte Herausforderung. Das Zimmer war recht klein. Dachschräge. Eine Liege, nein, ein Bett, Schreibtisch und eine sorgfältig zusammengelegte Decke. Grau. Saß auf meinem Bett, ohne wirklich zu wissen, was ich hier eigentlich wollte. Kam mir fremd vor. Keine Musik. Kein Buch lesen. Die Zeit schien ihre Laufschuhe ausgezogen zu haben. Ich sollte meinen Eltern wieder mal schreiben, dachte ich. Vielleicht auch Hildegard oder Wolfgang. Ging ins Bad. Schaute in den zu hoch montierten Spiegel und putze mir zum dritten Mal die Zähne. 10:35 Uhr. Exakt fünf Minuten geputzt. Ging zurück ins Zimmer. Bett. Es regnete. Ich brauchte eine Aufgabe. Ging den langen Gang des Besinnungshauses entlang und schaute mir die Bilder an den Wänden an. Kreuzigungsszenen, expressiv. Eine Wandtafel mit aufgeklebten Fotos von glücklichen Menschen. Musstet ihr auch schweigen? Keine Antwort – alles schien im Schweigen erstarrt zu sein und in mir schrie es laut. Ging zurück in mein Zimmer. Setzte mich an meinen Schreibtisch. Hatte den Spiegel im Bad abgeschraubt und begann mich zu zeichnen. Schaute mir tief in die Augen. Warum grinst der so blöd? Das war also ich. Hab' doch keine Mandelaugen! Radierte.

„André, schau doch mal genau hin! Wenn du deinen Kopf etwas nach unten neigst, schneidet deine Augenbraue den Bogen des oberen Augenlides", höre ich förmlich meinen Professor von der Kunstakademie sagen.

„Ja, ich hab's gesehen", antworte ich innerlich etwas genervt. Zeichnete. Radierte wieder. Es wurde immer verkrampfter. Von einem Strich konnte nicht mehr die Rede sein. Mein Zeichenprofessor in Nürtingen sagte immer: „Zweifelsfrei gut gesehen, gut beobachtet, aber nicht begriffen, was du da sahst."

Eigentlich habe ich mich in den Schweigeexerzitien zum ersten Mal so intensiv mit mir selbst auseinandergesetzt. Ich war für mich das Spannende am Tag. Vielleicht war das Zeichnen, das tiefe Anschauen im Spiegel, so etwas wie die Eintrittskarte in meinen eigenen Zirkus. In die Manege meines Lebens. In ihr versucht mein eigener Moralanspruch – die wilden Tiere – meine Ambivalenzen zu zähmen. Hier in den Exerzitien bin ich mein einziger Zuschauer.

Liebe Grüße

Euer André

Łódź, ich muss Dir was sagen

André Biakowski

Schien das Adieu damals weit weg zu sein,
So lebte ich doch für ein Jahr in Dir.
Konnt' nicht sagen, was ich dachte,
Doch mit Liebe halfen sie mir.

Menschen schenkten mir Worte, die ich nicht kannte.
Zunge übte sich als Akrobat,
Polnisch als Sprache mich überrannte.
Zwischen Heimat und Dir mein Spagat.

Łódź, Deine Schönheit ist nicht glänzend,
Im Schatten Krakaus steht dein Chic.
Piotrkowska, Du willst nur brillieren,
Die Armut vielen bricht das Genick.

Kennst Du sie mit ihren Wägen?
Suchend in Tonnen nach Papier und Blech.
Wie sich im Park nach dem Suffe regen,
Zahlst Du für sie die Lebenszech?

Was ist mit den Menschen, denen ich das Essen brachte?
Zu schwach sind sie, um sich zu zeigen.
Sie lehrten mich die Kraft des Lebens
Und sich nicht vor jedem zu verneigen.

Deine Narben der Hitlerrowców sind verheilt,
Keine strahlende Synagoge heute mehr steht.
Die hölzernen Brücken eingerissen,
In Radogosz selbst der eisige Wind noch weht.

Gegangen, nein, gefahren, sind sie von Dir in den Tod.
Gierig verschlangen sie die braunen Wagen.
Sie waren Juden, nein, Menschen waren sie.
Gott, wo warst Du in ihrer Not?

Konntest auch Du gegen diese Macht nichts machen?
Bist Du nicht stark, wenn keiner an Dich glaubt?
Hörtest Du sie nicht über Deine Familie lachen?
Łódź, sie haben Dich beraubt.

Über Deine Geschichte lernte ich Dich lieben.
Sie sprach zu mir in tausend Gesichtern.
Manche musste ich mit zu Grabe tagen.
Ihre Worte sind's, die mir blieben.

Wenn ich nun geh, so dank ich Dir.
Für ein Jahr, schwer und schön.
Ich habe nur eine Bitte, glaube mir,
dass wir uns einst wiedersehn.

Hallo ihr Lieben,

ab jetzt ist irgendwie alles das letzte Mal. Vielleicht schon die letzte Fahrt mit der Tram. Das letzte Mal genau diese Hausecke. Der letzte polnische Nieselregen. Der letzte Einkauf im Biedronka, in dem mich die Kassiererin immer fragte, ob ich eine Tüte brauche und das Geld nicht kleiner hätte. Alles scheint die Melancholie des Abschieds in sich zu tragen.

Ich sitze im Landhaus von Jurek in Leszczyny am Küchentisch mit floralbedruckter Linoleumdecke und lasse mein Jahr Revue passieren. Zur gleichen Zeit zerdrückt seine Frau eine Makrele zu einer rosigen Masse. Würzt mit Salz, Pfeffer und Paprika. Jureks ganze Aufmerksamkeit gilt indessen der Montageanleitung eines Plastikregals für seinen Heizungsraum. Herkunftsland China. In meinem Kopf spule ich die Zeit auf Start zurück:

Der Bus hält. Fabryczna. Busbahnhof. Tag eins in Łódź. Eine schwarzhaarige Frau kommt mit fragendem Schritt zögernd auf mich und meinen Gepäckberg direkt unterm Haltestellenschild zu. Sie spricht mich an. Versteh kein Wort. Irgendetwas mit „Dzin" und „obrä" meinte sie. Ich halte sie für eine Straßenverkäuferin und sage: „Nein danke!", und schüttle zur Unterstreichung meiner Aussage entschlossen den Kopf. „Woluntariusz?", fragt ein beistehender Mann mit kurzgeschnittenem grauem Haar. „Tak!", mein erster Satz auf Polnisch.

Satzgeschwader begleitet vom freundlichen Lächeln stürzen sekundenschnell zweistimmig auf mich ein. Die schwarzhaarige Frau heißt also Ania und der Mann neben ihr Jurek, so viel habe ich dem Zischlautegeschwader entnehmen können. Ich lächle einfach. Was will ich sonst auch machen mit zwei Wörtern Polnisch?

Während ich noch damit beschäftigt bin, mir die Namen beider einzuprägen, greifen sie bereits schon nach meinem Fünftonnen-Gepäck. Ohne dass ich auch nur irgendetwas sagen konnte, sitze ich kurze Zeit später im grünen Bus. Volkswagen. Wackelnd fahren wir an einer orthodoxen Kirche vorbei, die mich von der Art und Weise eher an ein Gebäude aus einem Freizeitpark erinnert. Am Himmel kreuzen sich die Oberleitungen der Straßenbahnlinien. Erst jetzt begreife ich, dass ich wohl von zwei Mitarbeitern des sozialmedizinischen Zentrums des Maximilian-Kolbe-Werkes, so steht es jedenfalls in meinen Unterlagen, abgeholt worden bin. Von Jurek und Ania. In einem Mix aus Deutsch und Englisch mit polnischer Grammatik versucht mir Ania zu erklären, dass wir zur Wohnung fahren. Alles ist für mich so neu und abenteuerlich, dass ich überfordert zu allem, was sie sagt, einfach mal mit dem Kopf gutgläubig nicke.

Heute fast ein Jahr später schmunzle ich schon etwas über meine Rolle in dieser Situation. Der kleine André in der großen Stadt. Einfach sympathisch die Mischung aus Naivität und Überforderung. Wenn ich an den Bahnhof Fabryczna denke, so wird mir auf einmal klar, wie ungern ich Łódź verlassen werde. Bisher stand ich auf allen meinen Reisen gern auf Bahnhöfen. Es waren stets für mich Orte des Aufbruchs. Ja, mit einem Hauch Fernweh. Abenteuerlust lag in der Luft. Doch in wenigen Tagen werde ich am Ort des Ankommens in den Zug steigen und nach Hause fahren. Ich bin mir nicht ganz sicher, ob es ein Wegfahren von zu Hause oder ein nach Hause fahren werden wird. Mir ist die Stadt mit ihren sanierungsbedürftigen Bauten, den bröckligen Stuckfassaden, den unpünktlichen Straßenbahnen im Winter, dem omnipräsenten Polnisch, sehr ans Herz gewachsen. Mir werden die Spaziergänge mit Ania und ihrem kleinen, braunen Dackel Kretka sehr fehlen.

Der kleine Dackel Kretka

Wie oft erklärte mir Ania polnische Worte? Sprach sie immer und immer wieder aus, bis sich meine Zunge beim Nachsprechen entknotete.

Ania war so etwas wie ein Wörterbuch. Mein Wörterbuch für mein Jahr. Und es konnte backen und am Lagerfeuer tanzen.

„Möchtest du ein Brot mit Makrelencreme?“, fragt mich Jureks Frau aus der Küche.

„Nein, danke!“, will mich jetzt einfach nicht aus meinen Erinnerungen reißen lassen.

Blitzschnell bin ich in meinen Gedanken zurück: Im Auto ist es brütend heiß. Auf meinem Hemd zeichnen sich ganze Kontinente ab. In einer Parade ziehen Männer mit dicken, nackten Bäuchen, Frauen mit Kinderwägen sowie tapsige, von der Sonne benommene Kinder mit Schwimmflügeln an der von mir heruntergekurbelten Autoscheibe vorbei. Für sie ist heute das Sonnenbaden bei gefühlten 40 Grad zu Ende, doch ihre ‚Sauna-Autos‘, geparkt im Zenit der Sonne, werden noch für den einen oder anderen Seufzer beim Einsteigen sorgen. Herzlich willkommen im Sommer!

„Alle Parkplätze sind belegt. Sie müssen etwas warten!“ Routiniert führt die Chefin des Parkplatzes das Walkie-Talkie zum Mund, um sich mit einer Kollegin am anderen Ende des Platzes zu verständigen. Sie scheint alles im Griff zu haben und so weist sie Ania und mir nach kurzem Warten eine Parklücke im Schatten zu. Mit nagelneuen Flip-Flops aus dem Supermarkt schlappe ich durch den sandigen Waldboden zum See Arturówek. Wie die Herden Afrikas liegen hier die Menschen in Rudeln am Wasserloch. Dort eine Mutter, die ihr Kleines liebevoll eincremt. Etwas weiter durch den Sandstrand tobende Kinder. Im nahe gelegenen Gras ein einsamer Mann, der sich nach seiner Radtour etwas entspannen will. Jeder scheint den Weg hierher gefunden zu haben. Handtücher markieren ihre Reviere.

Kalt ist das Wasser nicht, wie auch bei der Sonne? Ich springe in den See. Tauche auf, streiche mir die Haare zurück. Frotté – markiere mein Revier blau und lasse mir die Sonne auf den Rücken scheinen. Strahlen lähmen mich auf meinem Handtuch. Die Mücken und Fliegen scheinen einen Pakt gegen mich geschlossen zu haben und so machen sie sich einen Witz daraus, auf mir zu landen, mich zu stechen und meine Geduld auf die Probe zu stellen.

Jurek nimmt sich einen Stuhl und setzt sich zu mir an den Küchentisch. Bemerke erst jetzt, dass sein Regal fertig aufgebaut im Zimmer steht. Schön, aber Plastik. Wir reden kein Wort, doch in seinen Augen sehe ich, auch er denkt an Abschied. Am Anfang schien alles so weit weg, als hätte ich die Ewigkeit gebucht. Doch die Zeit hat sie mir gestohlen. Sehe die Gesichter vieler lieb gewonnener Menschen vor mir. Das gemütliche Gesicht von Pan Janek. Seine Funktion im Zentrum des Maximilian-Kolbe-Werkes ist mir bis heute nicht so ganz klar. Habe nie mit ihm zusammengearbeitet. Vielleicht ist er Buchhalter. Vielleicht aber auch nicht. Doch die Genauigkeit, mit der er arbeitet, ist unbeschreiblich. Oft sah ich ihn auf einen Zettel eine Aufstellung von Zahlen schreiben. Nach den Tausendern einen Punkt, dann die Hunderter, ein kleiner Abstand und dann die Zehner und Einer. Ein Komma. Alles sauber und standgenau untereinander. Zweimal mit dem Lineal unterstrichen. Seine Unterschrift rechts darunter. Gebeugt über seinen Schreibtisch, prüfte er alles durch seine Hornbrille mit dicken Gläsern.

Ich mag die Art, wie er sich zur Begrüßung auf seinem Stuhl umdrehte, aufstand und sofort mit dem Daumen den perfekten Sitz seiner Hosenträger kontrollierte. Wie er versuchte, mein stümperhaftes Polnisch zu verstehen. „Tak, rozumiem!" – „Ja, verstehe!" Ach, Pan Janek!

Ich weiß nicht warum, aber denke ich an Janek, so denke ich automatisch an Pan Marian. Pan Marian kam nur selten zum obligatorischen Kaffeetrinken am Montagmorgen ins Zentrum in die Ulica Tatrzanska. Und wenn, dann im Anzug mit passender Krawatte.

Pan Janek erinnert mich immer irgendwie an Norbert Blüm, unseren früheren deutschen Arbeits- und Sozialminister. Janeks Herzlichkeit ist etwas Besonderes. Sie will nichts sein. Sie ist einfach. Wie oft erklärte er mir polnische Wörter. Sprach sie mir immer und immer wieder vor. Janeks Augen erzählten dabei vom Leben. Seinem Leben. Mal glasig. Mal strahlend, doch immer so, dass ich es irgendwie verstand.

Setzte sich auf einen der freien Stühle, winkte die Frage nach Kaffee oder Tee ab und sagte letztlich doch ‚Ja' zu einem Kaffee. Seinen Stock gegen den Tisch gelehnt. Begann er ein Gespräch, so lupfte er als erstes seine Brille an. Wie oft tippte er sich an den Kopf und fragte mich „Kopf?" oder an den Mund „Mund?". Zu behaupten, er könne Deutsch, wäre zu viel, doch er hatte eine Freude daran, einzelne Wörter wie Kopf, Mund, Hand, Fuß usw. zu lernen und diese als Einleitung zu einem Gespräch mit mir wie bei einem Examen aufzusagen. Anrührend.

Wohnt Pan Marian in seinem Ferienhaus in Tuszyn, so lebt er auf. Seine Augen hinter der dicken Hornbrille glänzen anders und seine Schritte, gestützt auf seinen Gehstock, sind souveräner. Hier ist er gern. Im Hause seiner Tochter. Ich erinnere mich sehr gut an meinen ersten Besuch bei ihm auf dem Land. Stehe in der Einfahrt seines Hauses und schaue einem 84-jährigen Mann in die Augen, die mehr sagen als Worte. Einem Mann, dem der Schalk im Nacken sitzt. Mit einem verschmitzten Lächeln bittet er mich ins Haus. Langsam, aber nicht beschwerlich geht er die kleinen Stufen zum Hauseingang hinauf. Nein, ein Gebückter unter der Last seiner Geschichte ist er nicht. Haltung durchzieht sein ganzes Sein. Der Kopf stets gerade und erhoben. Die Etikette eines James Bond ist in seinen Gesichtszügen zu erkennen, und daran ändert auch sein abgetragenes Polo-Shirt nichts.

Durch die vielen prägenden Begegnungen mit Überlebenden der Braunen Invasion habe ich begriffen, dass Menschen wie Pan Wach zu den großen Schätzen unserer Zeit gehören. Pan Wach steht im Wohnzimmer. Ich neben ihm. Seine rechte Hand umschließt fest den Griff seines Gehstockes.

Die Herzlichkeit, mit der er mich zu Tisch bittet, ist die eines langen, guten Freundes, den man viele Jahre nicht gesehen hat. „Marian!" „André!" Mit einem Wodka auf ein Du.

Dieses Bild ist eines der bedeutesten meines Jahres. Pan Wach im Haus seiner Tochter auf dem Land. Ist er hier scheint er sein Gebrechen zu vergessen. Er liebt den nahegelegenen Wald. Geht spazieren. Zum Abschied geschenkt, ist dieses Bild für mich mehr als das Foto eines großen Mannes, es ist der Wunsch ihn in Deutschland nicht zu vergessen. Nein Pan Marian!

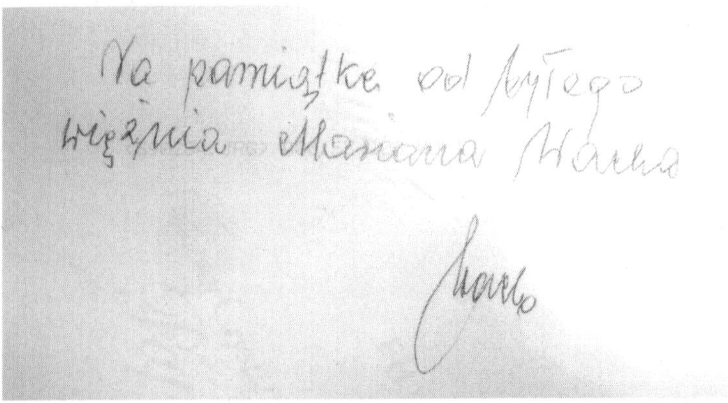

In Erinnerung an den ehemaligen Häftling Marian Wach.

Ich mag Marian. Seine Ehrlichkeit soll nicht imponieren und doch tut sie es. Sie gibt einem einfachen Mann, in Auschwitz gepeinigt, eine für mich unglaubliche Tiefe.

Ich bekomme Durst und wie bei einer Gedankenübertragung bringt mir Jureks Frau ein Glas Whisky, wie sie es nennt – Apfelsaft mit Eiswürfeln. Das Landhaus in Leszczyny ist Jureks ganzer Stolz. Hierher flüchtet er vor der Lodzer Hektik. Jurek ist Handwerker. Wochenende für Wochenende arbeitet er an seinem Haus. Schon seit zehn Jahren. Er mauert und verputzt, während seine Frau den Rasen mäht, die reifen Tomaten im Garten erntet und Gurken in Gläser einlegt. Fast jedes Mal, wenn ich bei Jurek und seiner Frau im Landhaus bin, wird der Grill angeworfen. Mit Hingabe überrede ich dann mit jedem Atemstoß die Holzkohlen, doch endlich zu glühen. Ein phantastischer Anblick, wie die eingeschnittenen Würstchen auf dem Rost aufgehen und das Fett auf der Oberfläche der Hackbällchen mit Rosmarin in kleinen Blasen nach außen tritt. Dazu ein frischer Tomatensalat. Wunderbar.

Gastfreundschaft in Polen ist etwas sehr Beeindruckendes. Man kennt sich eigentlich nicht oder nur flüchtig, und doch sind Kaffee und Kuchen obligatorisch. Bei allen meinen Besuchsdiensten wurde ich immer mit offenen Armen empfangen. Alleine wenn ich an die kleinen, belegten Schnittchen von Frau Gwizdka denke, so treibt es mir vor Rührung die Tränen in die Augen. Ich erinnere mich noch sehr gut an einen Besuch bei einer älteren Dame. Es war glaub' ich in der ersten oder zweiten Woche meines Freiwilligenjahres in Łódź. Also noch ziemlich am Anfang. Ich kämpfte mit dem Stadtplan im Wind, um die richtige Tramlinie herauszufinden. Fuhr hin. Sagte am Domophone (Sprechanlage) meinen Namen, mehr konnte ich damals noch nicht, und stand kurze Zeit später in der Wohnung einer für mich wildfremden Frau. Der Tisch war für das Mittagessen bereits gedeckt und ihr Sohn saß im weißen Hemd zur blauen Jeans am Tisch und begrüßte mich zu meiner Überraschung in gebrochenem Deutsch. Meine im Kopf zurechtgelegten Wörter auf Polnisch waren damit wie ausgelöscht. Die Frau des Hauses kochte, wie sie sagte, extra für mich Rote-Beete-Suppe, weil es die ja in Deutschland nicht gäbe. Ich muss an dieser Stelle ehrlich sein und sagen, dass ich keine Rote Beete mag. Nein André, probier' erst mal, sagte ich zu mir. Vielleicht ist es ja nicht dieses komische rote Zeug, das ich im Kindergarten zu essen bekam. Chicorée habe ich ja als Kind auch nicht gemocht und jetzt esse ich es ganz gern. Also liebe Rote-Beete-Suppe, du hast deine zweite Chance. Überzeuge mich! Vorzüglich!

„Aus der Tüte oder selbstgekocht?", frage ich mit Händen und Füßen.

„Rüben gekauft, reiben, Zwiebeln ...", mehr verstehe ich nicht. Also selbstgekocht!

Ihr Sohn ist Raucher und so ging er auf eine ‚Zigarette danach' auf den Balkon. Ich auch. Ohne Zigarette. Er sprach Deutsch. Nicht gut, aber um Welten besser als ich mit Händen und Füßen Polnisch. Zurück im Zimmer war der Mittagstisch bereits mit feinstem Porzellan eingedeckt. Es gab Sernik, polnischen Käsekuchen, und dazu die entscheidende Frage: „Kaffee oder Tee?" Meine erste Frage, die ich auf Polnisch komplett verstanden habe. „Kawa, proszę!" „Jaka?", fragte sie mich höflich aus der Küche begleitet vom Röcheln des Wasserkochers zurück. Wie Jaka?, fragte ich mich. „Kawa!", sagte ich erneut. Man muss erklärend dazu sagen, dass es in Polen zwei Sorten von Kaffee gibt. Den für uns bekannten Kaffee aus gemahlenen Bohnen und so eine Art Granulatkaffee. Wer in Deutschland würde seinen Gästen Granulatkaffee anbieten? In Polen ist das so üblich. Eineinhalb Löffel Pulver in die Tasse, heißes Wasser drauf und fertig. Und alles ohne lästigen Satz. Deswegen auch die Frage, wie ich später herausfand, „Jaka – Was für einen?“. Womit das Wort „Jaka“ auch erklärt wäre.

Ich glaube, der Kaffee hat in Polen im alltäglichen Leben eine andere Stellung als in Deutschland. Kaffee heißt in Polen Pause. In Deutschland steht er neben der Tastatur im Büro oder läuft als Granulatbrühe aus irgendeinem Bahnhofsautomaten für 'nen Euro. Kann es sein, dass die Länder Polen, Russland sowie die ehemalige DDR durch die Faszination für westlichen Kaffee miteinander verbunden waren? Ich erinnere mich noch gut an meine Kindheit in der DDR. Kaffee aus dem Intershop oder ‚Fressex‘ war etwas ‚Heiliges‘. Staunend wurde die goldene Vakuumtüte vorsichtig aufgerissen. Die Augen geschlossen. Das Aroma tief eingeatmet. Benötigte man gerade in den ersten Jahren nach der Wiedervereinigung ein Gastgeschenk, so schenkte man Kaffee. Wer bringt heute zu einem Besuch ein Päckchen Kaffee als Geschenk mit? Der Westen schenkt Wein.

Jemand klopft an Jureks Verandatür. Niemand geht, also steh' ich vom Küchentisch auf. Schiebe die Gardine beiseite und öffne die Tür. Eine Frau mit Kopftuch, Kittelschürze und in Gummistiefeln drückt mir einen Plastikbeutel in die Hand, sagt irgendetwas und dreht mir auch schon den Rücken zu. Ich bleibe als Ausländer somit unerkannt. Sage nichts und gehe zurück ins Haus. Aus dem Beutel riecht es nach Lagerfeuer. Ich werde neugierig. Drei geräucherte Käse – das Geheimnis. Goldbraun, sauber übereinander gestapelt. Die Stäbe des Rostes, auf dem der Käse beim Räuchern auflag, haben ihre Spuren sternförmig in die Oberfläche hineingesengt.

„Wer war's?“, will Jureks Frau aus dem Badezimmer wissen.

„Die Käsefrau!“, sage ich, als wenn ich die Frau Jahre kennen würde.

„Einer ist für dich!“

„Danke! Was ist das für Käse? Der riecht nach Rauch?“, will ich wissen.

„Der wurde über glimmendem Stroh geräuchert.“

Ja, das ist die Schönheit des Landes. Keine einlaminierten Lebensmittel mit Haltbarkeitsaufdruck. Nein, eine Hand molk und die gleiche formte einen runden Käse, wendete ihn über dem Rauch und drückte mir einen Beutel an der Tür in die Hand. Ich hoffe, dass dies noch lange hier so bleiben wird und die Supermärkte nicht die ländlichen Regionen mit dem Preisschwert des Kapitalismus missionieren. Es gibt keine Rezeptur, mit der man die Ursprünglichkeit bewahren könnte, außer durch die Verweigerung von Massenproduktion am Fließband. Wir müssen uns wieder auf den ethischen Geschmack von Lebensmitteln besinnen. Ein Brot ist aus Mehl. Dieses aus Getreide, auf dem gleichen Boden gewachsen, auf dem wir leben, unsere Häuser bauen und in dem wir begraben werden. Wonach schmeckt unser Brot, während andere verhungern? Welche Philosophien über Mineralwasser stellen wir bei der Kaufentscheidung vorm Getränkeregal im Supermarkt auf, während Kinder in anderen Teilen der Welt verdursten, weil es lange nicht mehr geregnet hat? Wir leben alle von der gleichen Erde, von dem Apfel der Erkenntnis, hängend an dem Ast, an dem wir gewaltig sägen. Morgens im Pyjama noch halb verschlafen ein Ei in die Pfanne, den Orangensaft aus dem Kühlschrank, schnell zwei Scheiben Salami aufgeschnitten und der Käse fehlt. Kein Problem, es gibt ja Einkaufszettel. Mit welcher Selbstverständlichkeit konsumieren wir? Wir werden dicker und dicker, bis uns unsere eigene Eitelkeit und Arroganz der Umwelt gegenüber zum Platzen bringt. Intellektuelle Verfettung!

Geht man in Łódź über den Rynek Bałuty, den Markt des Stadtteiles Bałuty, so sitzen sie, alte Frauen, auf ihren Klapphockern und verkaufen, was in ihren Gärtchen gerade herangereift ist. Ihre Gesichter sind gezeichnet. Braun mit tiefen Furchen. Ihre Augen flehen zum Kauf an. Ihr Sortiment Meerrettichstückchen, nicht größer als ein Radiergummi, sowie Suppengrün oder Milch in 1,5-Liter-Wasserflaschen. Daneben die Stände mit blauweißen Markisen der professionellen Anbieter. Die Äpfel glänzen in der Mittagssonne. Die Möhren ohne Druckstellen. Der Preis, Kiloware, mit einem dicken schwarzen Edding auf ein Stück Pappe geschrieben. Hände, die Geldscheine hastig über Obst und Gemüse hinweg in das Innere reichen. Es ist immer der gleiche Ablauf: freundliche Begrüßung, als wenn man sich schon lange kennen würde, nach dem Wunsch fragen, bedienen, das Geld in die Kasse legen und der abrupte Absturz des Kunden zurück in seine Anonymität. „Wer ist der Nächste?" Gut gelernt vom Westen! Wie geht es da wohl einer der alten Frauen, die darauf hofft, dass jemand gerade an diesem Tag plant, eine Kartoffelsuppe zu kochen und dem zufällig Suppengrün fehlt? Wie geht es ihr, wenn sie morgens durch den Garten geht und erntet, was sie selbst gern essen würde? Nicht das anbieten kann, was gekauft werden würde, weil sie es einfach nicht hat? Wer sieht sie zwischen den farbigen Markisen und durch die Obstpyramiden der großen Händler?

„Bitte eine Flasche Milch!", reiße ich die Frau aus ihrer Lethargie in praller Sonne.

„Zwei Zloty! Wenn Sie zwei Flaschen kaufen, nur drei!"

„Bitte nur eine", antworte ich beherzt.

1,5 Liter. In einer blauen Wasserflasche. Warm von der Sonne. Mit einem Milchbart spaziere ich an Ständen mit gebrauchten Handys, alten Büchern und pornographischen Zeitschriften aus den 70ern vorbei. Nana Mouskouri lächelt zu Weiße Rosen aus Athen vom Cover einer gebrauchten Langspielplatte. Dazu ein Schluck Milch. Süß schmeckt sie. Nicht wie jene aus dem Supermarkt mit den glücklichen Kühen in Aquarelltechnik. Keine wässrige Brühe, die nur die Farbe als Gemeinsamkeit hat. Nein, ich trinke Milch. Milch von einer Kuh. Schmecke den Stallgeruch. Schmecke das Bild einer Bäuerin, die ihre Kühe mit Kosenamen anredet. Idealisiere …

Jureks Frau steht neben mir in der Küche. Wäscht ab und pfeift zu ‚Nigdy nie mów Nigdy' – ‚Sag niemals nie', aus dem Radio. Teller klappern rhythmisch im Becken. Das Wasser läuft.

„Andrzeju, hast du schon unsere Tomaten im Garten gesehen?"

„Nein, noch nicht!"

„Komm, wir schauen, ob welche reif sind. Dann fahren wir zurück nach Łódź. Hast du deine Sachen schon gepackt?"

„Nein, geht aber schnell."

Bauernhäuser ziehen vorbei. Vereinzelt eine Kuh. Bellende Hunde. Sie scheinen sich von mir zu verabschieden. Ich versuche ihr Bellen aus dem offenen Fenster der Beifahrerseite nachzuahmen. Seid nicht traurig. Ich komme wieder – irgendwann. Das Wegkreuz mit den farbigen Bändern, jetzt rechts weg durch den Wald. Ich kenne den Weg und wünschte, ich würd's nicht. Der Abschied tut weh, war ich hier doch gern. Leszczyny, wie habe ich dich lieben gelernt. Die Offenheit deiner Menschen, deinen geräucherten Käse, die Felder. Den Garten von Jurek und seiner Frau. Ihre Gastfreundschaft. Leszczyny, bleib wie du bist!

- Zwei Tage später -

Dienstag. In zehn Minuten fährt meine Tram. Linie 2. Heute ist also der Tag, an den ich das ganze Jahr nicht gedacht habe. Das letzte Mal Essen ausfahren mit Jurek. Das letzte Mal fragen, wie geht es Ihnen heute?

Die roten Hartschalensitze in der Tram sind noch immer so unbequem wie am ersten Tag. An die kann ich mich einfach nicht gewöhnen. An das Ruckeln der Tram da schon eher. Die Tortenbox mit dem selbstgebackenen Heidelbeerkuchen unter meinem Sitz. Heidelbeerkuchen, was so exklusiv und nach viel Arbeit klingt, ist im Grunde nichts anderes als ein Rührkuchen mit 600 Gramm Heidelbeeren.

Das Essen, welches Jurek und ich ausfahren, besteht immer aus einem Hauptgang, mal Kohlrouladen mit Kartoffeln und Tomatensauce, mal Fisch mit viel Dill, sowie einer Suppe. Doch nie ein Nachtisch. Kein Pudding. Kein Joghurt. Ich hatte mir gedacht, zum Abschied gibt es für jeden ein Stück Kuchen. Sicher steht diese Kleinigkeit in keinem Verhältnis zu meiner tiefen Dankbarkeit. Keiner, der Leute, denen ich heute das Essen bringen werde, weiß von dem, was ich heute schmerzlich sagen muss.

Wenn jeder Wunsch der Überlebenden für meine Zukunft nur ein Gramm wiegen würde, so würde ich mir einen Bruch heben. Und so fühle ich mich auch. Der Rückweg durch die Treppenhäuser ist ewig lang. Ich komme mir irgendwie schuldig vor, zu den Menschen eine Beziehung aufgebaut zu haben und sie jetzt mit meinem Weggehen zu verletzen.

„Pan Tadeusz, heute ist mein letzter Tag, ich werde nächste Woche nach Deutschland zurückgehen."

„Oh, das tut mir leid! Alles Gute! Kommen Sie wieder?"

„Ich weiß noch nicht", bin ich ehrlich.

Ja, das tut weh. Schließe seine Wohnungstür hinter mir zum letzten Mal und gehe. Der unglaublich eigene Humor dieses Mannes geht mir durch den Kopf und zwingt mich zum Schmunzeln, obwohl mir nicht danach ist.

„Die Ärzte sagten mir nach dem Krieg, dass ich höchsten noch ein Jahr zu leben hätte. Tuberkulose. Jetzt bin ich so alt geworden. Wen kann ich jetzt auf Rückerstattung der Kosten für mein langes Leben verklagen?"

Einst war er ein Logikgenie, Patentträger für ein Würfelknobelspiel. Jeder Würfel aus verschieden Teilen bestehend, basiert auf einem simplen mathematischen Prinzip. Wird dieses verstanden, ist es einem möglich, aus den einzelnen Teilen einen ‚Banachowiszen Würfel' zusammenzusetzen. Keiner gleicht von seinen Bauteilen einem anderen. Heute zeigt er jedem Besucher sein selbstgebautes Regal und verwandelt ganz gern ab und zu sein Wohnzimmer in ein Sägewerk, wenn er mal wieder die Beine seines Couchtisches mit der Elektrohandsäge kürzen muss. Für das Chaos sind dann aus seiner Sicht nicht er selbst, sondern die kleinen Zwerge verantwortlich, die im Übrigen auch immer seine Brille verstecken. Gesehen hat er sie bis heute noch nicht.

Jurek und ich fahren weiter. Dritter Eingang. Glaub' vierter Stock. Pan Franciszek. Ich klopfe an der hölzernen Wohnungstür an. „Prosze!", eine markante Männerstimme, die vermuten lässt, ein General wohne hier. Nein, ein Überlebender der Hölle von Dachau empfängt mich. Schließt mich in seine Arme zum Gruß, ohne zu wissen, dass es heute das letzte Mal sein wird. Die männliche Note seines Aftershaves bricht sich mit der kindlichen Weichheit seines Gesichtes. Als er und seine Frau verstehen, was der Anlass für den mitgebrachten Kuchen ist, folgt eine schwere Sprachlosigkeit. Sie schaut aus dem Küchenfenster. Er bewahrt Haltung. Ich halte die Stille nicht aus.

„Es werden zwei neue Freiwillige im September kommen. Zwei Mädchen. Die eine kann sehr gut Polnisch. Dann müssen Sie öfters Ihre Frau zum Einkaufen schicken. Sie wissen schon.", versuche ich mit einem Witz die Stimmung zu retten. Vergebens!

Mir wird seine Herzlichkeit fehlen. Die glasigen Augen. Sein leichtes Lispeln. Die Art und Weise, wie er seinen Kopf etwas neigt, wenn ihm etwas im Gespräch wichtig erscheint. Wie er beim gemeinsamen Teetrinken sein Platzdeckchen auf dem Tisch immer und immer wieder glatt streicht. Mit jeder Stufe im Treppenhaus entferne ich mich von ihm und seiner Frau. Jeder Schritt ist mir ein Stich.

Ich muss packen und will es nicht. Es fällt mir nicht leicht, die Wäsche vom Trockner abzunehmen und zu wissen: nein, nicht in den Schrank, sondern in die Reisetasche. Ich erinnere mich noch gut, mit welcher Abenteuerlust ich meine Tasche damals ausräumte und mir Gedanken darüber machte, welches Buch im Regal neben welchem zu stehen hätte. Jetzt läuft alles rückwärts. Das letzte Mal laufe ich über die Ulica Piotrkowska. Lasse mich mit Pachelbel dreier Straßenmusiker verabschieden. Sie wissen nicht, dass ich gehe. Bin hier nur noch Passant. Schaue in meinen Geldbeutel. Zehn Zloty. Zum letzten Mal, wie so oft, Hähnchen Spezial mit Blumenkohl und Erdnüssen aus einer der Asiabuden an der Piotrkowska. Setze mich und genieße melancholisch meine Henkersmahlzeit. Der Mensch will immer die große Freiheit. Doch versteht er nicht, dass Freiheit ihren Preis hat. Den Abschied. Nicht zu gehen, heißt sich zu binden. Beziehung. Der Schmerz des Abschieds ist die Münze für den Fährmann in die Freiheit. Und die Münze kaufst du mit dem Herzen. Der Schmerz des Abschieds ist ein Kompliment an die verlebte Zeit. Ich habe es geschafft, die Sprache so zu lernen, dass ich Beziehungen zu den Menschen aufbauen konnte. Ich habe von ihnen gelernt. Worte. Polnische. Jetzt geh ich mit all dem, was ich nun bin, und komme wieder. Irgendwann.

Liebe Grüße

Euer André

Nachwort

Jetzt schreibe ich also das Nachwort zu meinem Buch, von dem ich über zwei Jahre lang dachte, es wohl nie fertigzubekommen. Immer wieder versuchte ich in meinen Briefen die richtigen Worte zu finden. Quetschte Sprache wie eine trockene Zitrone aus und musste mich letztlich mit Kompromissen zufrieden geben. Wie ist Sprachlosigkeit vor Trauer? Wie Sehnsucht? Wie Schuld und tiefe Dankbarkeit? Diese Gefühle bedürfen einfach keiner großen Worte. Ihr Nährboden ist die Stille. Das Nichterklären. Also wie über Menschen schreiben, die verschiedene Ghettos und Konzentrationslager überlebt haben? Wie über meine Gefühle in den Begegnungen als Deutscher mit diesen Zeitzeugen? Wie über ein Land, in das historischer Schmerz gesät wurde und das heute nach der Zeit des Kommunismus gastfreundschaftlich aufblüht?

In meinen Briefen habe ich versucht, genau zu beobachten. Hinter die Kulissen zu schauen. Nicht an der Oberfläche des ersten Eindrucks haften zu bleiben. Kleinigkeiten, wie das Zucken einer Augenbraue eines alten Mannes, bekamen so auf einmal Bedeutung. Wurden wichtig. Unwissend begann ich in meinen Zeilen, Menschen mit ihrer unglaublichen Herzlichkeit, Trauer und Hoffnung in kommende Generationen zu portraitieren. Doch oft drückte sich das Herz in der Begegnung einfach präziser aus, als sich die Worte in meinen Briefen im Nachhinein. Stellt sich die Frage, warum ich überhaupt ein Buch geschrieben habe, wenn doch Sprache ein für mich so begrenztes Medium ist? Um dem Auftrag der Überlebenden gerecht zu werden, nie zu vergessen. Aus tiefer Dankbarkeit den Menschen gegenüber, die mir als Deutschem vorbehaltlos von einem Damals berichteten. Von ihrer Kindheit. Den Deportationen. Mir Käsekuchen auftischten und Kaffee liebevoll nachschenkten. Um jungen Menschen aufzuzeigen, wie wichtig ein Freiwilligen Dienst ist und dass es sich lohnt, das Gewohnte für eine Zeit zu verlassen und Geschichte immer aus Menschen und nicht aus auswendig zu lernenden Zahlen besteht. Und letztlich als Liebeserklärung an eine Stadt, an ein Land, in dem ich das schwerste und zugleich das beste Jahr meines Lebens verbrachte.

Es lag also nahe, zwei Jahre nach meinem Einsatz als Freiwilliger in Łódź nochmals nach Polen zu reisen, die Orte meines Jahres aufzusuchen, Menschen zu begegnen und all dies zu einem Nachwort für dieses Buch zusammenzufassen. An dieser Stelle einen herzlichen Dank an Rainer, der mich auf dieser Reise durch Polen begleitete und immer wieder im richtigen Moment den Auslöser seiner Kamera drückte.

38 Grad. Die Klimaanlage im Auto läuft auf Hochtouren. Sommer. Herzlich Willkommen in Warschau. Bestünde die Aufgabe, Warschau mit deutschen Städten zu vergleichen, so wäre Warschau für mich eine Mischung aus Berlin und Frankfurt am Main. Der Kommunismus baute hier in seiner Unumstößlichkeit in Stein. Schwer und unausweichlich. Westlich schießen heute Glasfassaden in den Himmel und suggerieren die Leichtigkeit des westlichen Erfolges. Nur vereinzelt mahnen noch sanierungsbedürftige Gebäude mit Einschusslöchern, die Geschichte dieser Stadt nicht zu vergessen. Vom einstigen Warschauer Ghetto zeugen heute nur zwei Mauerfragmente. Rainer und ich fragen uns zum Fragment Muru Getta mit dem kleinen Stadtplan aus der Touristikinformation durch. Eine Passantin gibt uns den entscheidenden Hinweis. „In der Ulica Złota 62 gibt es ein Tor zum Hinterhof. Das steht meistens offen. Gehen Sie hindurch und Sie sehen die Mauer.“

Schwer und mit Efeu bewachsen, in verschiedenen Rottönen, sehen wir mahnend die Ghettomauer von Weitem. Hier leben Menschen. Ein alter Mann ruft uns aus einem nahegelegenen Gartengrundstück etwas auf Polnisch zu. Irritiert gehe ich zu ihm an den Zaun. „Woher kommen Sie?“, will er wissen. „Wir sind aus Deutschland.“ „Bitte gehen Sie zur Mauer und kommen Sie danach nochmals zu mir an den Zaun“, so seine Bitte in bestimmendem Polnisch.

Zwei Backsteine fehlen in der Mauer. In ihren Nischen liegen kleine nach jüdischer Tradition abgelegte Steinchen. Einer der fehlenden Backsteine ist heute im Museum von Houston und der zweite in der Gedenkstätte Yad Vashem in Jerusalem. Besonders viel zu sehen gibt es an der Mauer nicht, doch zu spüren umso mehr. Durch diese Mauer wurden Menschen von Menschen durch Menschen getrennt und wie Vieh in einem Ghetto zusammengepfercht. 1939 lebten 3.400.000 Juden in Polen. Davon 380.000 alleine in Warschau. Das Emanuel-Ringelblum-Museum des Jüdischen Historischen Instituts (Muzeum Żydowskiego Instytutu Historycznego im. Emanuela Ringelbluma) in Warschau zeigt auf erschütternde Art und Weise das Leben im damaligen Warschauer Ghetto. Warum gibt es Mauern, wenn der Geist des Menschen doch frei ist? Mauern kannten noch nie Gewinner. Wer sie errichtet, disqualifiziert sich im humanitären Sinne. Spricht sich selbst Vernunft und Würde ab. Wer von Mauern umgeben wird, fragt nach Freiheit und bekommt nur die Kühle der Steine als monotone Antwort. Der Geist jedoch wird jede noch so hohe Mauer überwinden. Warum schaffen wir Menschen es nicht? Warum stapeln wir Steine und nicht Argumente im Dialog übereinander?

Bedrückt und mit tausend gleichzeitigen Gedanken verlassen Rainer und ich die Mauer. Wir schweigen und stellen uns ohne Worte die gleichen Fragen. Eigentlich wäre jetzt der richtige Zeitpunkt alleine auf einer Bank im Park zu sitzen. Jeder für sich. Um den eigenen Gedanken nachzugehen, doch der

Mann am Gartenzaun winkt uns zu sich. Sein polnisches „Kommen Sie!“ ist einladend. Irgendwie so, wie man einen Nachbarjungen zu sich winkt, um ihm eine Handvoll selbstgepflückter Kirschen über den Zaun zu reichen. Kirschen gibt es keine, doch steht vor uns ein Mann, dessen vom Alter ermüdeten Augen aufblitzen. Auf den Spitzen seines Gartenzaunes ein Holzbrett montiert, lehnt er sich etwas zu uns herüber. Mit einem dicken Buch in der Hand beginnt er wie ein Märchenonkel zu erzählen, nur dass seine Geschichte wahr ist. Er selbst, 91 Jahre alt, lebt, wenn ich ihn richtig verstanden habe, seit 1951 an der Mauer. Mit ledrig zitternder Hand öffnet er sein schweres Buch. Titel: „KRONIKA ENKLAWY GETTA – BY PAMIĘĆ TRWAŁA“ – „DIE CHRONIK DES GHETTOS – IM EWIGEN GEDENKEN“. Bei diesem Titel würde man eigentlich Schreckensaufnahmen aus dem Ghetto erwarten. Verhungerte Kinder, eine Mutter, die mit eingefallenen Backen ihren hungrigen Säugling an die nichtstillende Brust presst. Weite, dunkle, tiefliegende Augen, die sich dem Betrachter ins Herz bohren. Fragen stellen. Um Erbarmen bitten. Nein, dieses Buch liefert keinen geschichtlichen Abriss. Es ist ‚nur‘ ein Gästebuch. Ein Buch mit Einträgen von Touristen aus der ganzen Welt. Alle waren an der Mauer. Alle waren an seinem Gartenzaun. Am Zaun von Pan Mieczystaw Jędruszczak.

„Es ist schon das fünfte Buch. Ich stehe fast jeden Tag hier am Zaun“, übersetze ich für Rainer, so gut ich kann, die Worte eines Mannes, dessen Klarheit im hohen Alter mich zu faszinieren beginnt. Meine Ohren saugen jedes seiner Worte auf. Was ich verbal nicht verstehe, übersetzen mir seine Augen. Dieser Mann am Zaun hat es sich zur Aufgabe gemacht, Touristen diesen Ort näherzubringen. Fremdsprachen scheint er nicht zu benötigen. Er spricht Polnisch. Nur vereinzelt schummelt sich ein deutsches Wort in seine Sätze und Rainer horcht auf.

Stolz zeigte Pan Mieczystaw sein dickes Buch „KRONIKA ENKLAWY GETTA". Ein Gästebuch mit Einträgen aller Touristen, die seinen Gartenzaun hin zur Mauer passierten. Der fünfte Band. Sein Beitrag gegen das Vergessen.

Wie schafft es dieser Mann in allen Sprachen zu sprechen und doch nur Polnisch zu reden? Eine Gruppe Touristen kommt auf die Mauer zu. „Woher?" ruft er sofort über den Zaun. Fragende Blicke als Antwort. Kurzer Dialog mit Händen und dann ist klar: aus Spanien. Der gleiche Satz wie auch schon zu uns: „Gehen Sie zur Mauer und kommen Sie dann nochmals zu mir bitte!" Die bestimmende, richtungsweisende Handbewegung zur Mauer übersetzt.

„Rainer, ich muss über diesen Mann in meinem Nachwort schreiben!"

„Frag' ihn doch einfach", Rainers Ermutigung.

Wie fange ich an?, geht es mir durch den Kopf. Suche nach Vokabeln.

„Darf ich Sie etwas fragen?", versuche das Gespräch einzuleiten.

„Ja, selbstverständlich!"

Oh Gott, wie bildet man nochmal den Instrumental im Polnischen? Wie den Lokativ? Warum kann es nicht einfach nur vier Fälle wie im Deutschen geben?

„2009/2010 habe ich als Freiwilliger im Zentrum Maximilian Kolbe in Łódź gearbeitet. In dieser Zeit habe ich Menschen geholfen, die in verschieden Ghettos und Konzentrationslagern waren. Über diese Zeit habe ich ein Buch geschrieben. Ich möchte gerne – was heißt Nachwort? – auch über Sie schreiben", stammle ich die Sätze zusammen.

„Über mich? Bitte, wenn Sie möchten."

„Danke!", mehr kann ich in diesem Moment nicht sagen. Rainer fotografiert. Klick!

Wie schafft es Pan Mieczystaw jeden Tag am Gartenzaun, als 91-jähriger Mann mit seinen weichen Gesichtszügen die ganze Welt zu umarmen? Woher nimmt er als Zeitzeuge diese Kraft?

Pan Mieczystaw lebt seit 1951 an dem heutigen Fragment der Ghettomauer in Warschau. Er hat es sich zur Lebensaufgabe gemacht, Menschen über seinen Gartenzaun hinweg von diesem Ort zu berichten. Er spricht Polnisch, doch seine Augen übersetzen. In jede Sprache.

Ich habe noch nie einen Menschen gesehen, der so konsequent historische Verantwortung in sich trägt. Sich so aktiv gegen das Vergessen einsetzt. Nicht mit großen Gesten. Nicht in Reden vom Podium. Nein, einfach über den eigenen Gartenzaun. Jeden Tag. Mit 91 Jahren. Unglaublich.

„André, schau mal, ob die Fotos was geworden sind!" Einzeln klickt Rainer jedes Bild mit der Pfeiltaste seiner Kamera durch.

„Ja, sie sind gut! Ideal zum Schreiben."

„Sollen wir Abzüge für den Mann entwickeln lassen und ihm vorbeibringen? Er würde sich sicher freuen."

„Ja Rainer, lass uns ihm zwei, drei Fotoabzüge hier vorbeibringen, bevor wir morgen nach Łódź weiterfahren."

Eigentlich sollte es nur eine schnelle Fotoübergabe am Gartenzaun werden, kurz „Hallo" sagen, abgeben, zurück ins Parkhaus und weiter mit dem Auto nach Łódź. Schon von Weitem erkennt uns Pan Mieczystaw und winkt uns wie gestern zu sich an den Zaun.

„Guten Morgen! Wir haben ein kleines Geschenk für Sie!", eröffnet Rainer das Gespräch.

„Co?"

„Rainer, er versteht dich nicht."

„Wir waren doch gestern bei Ihnen und haben auch etwas in Ihr großes Buch geschrieben. Wir haben Ihnen Fotos mitgebracht", versuche ich in meinem Polnisch zu erklären und gebe ihm die Abzüge über den Zaun.

„Für mich?", drückt er sich fragend die Bilder an die Brust.

„Ja!" antwortet Rainer, ohne ihn auf Polnisch wirklich verstanden zu haben.

„Danke! Ich danke mich sehr!", seine leise Antwort auf Deutsch.

Behutsam blättert Pan Mieczystaw Seite für Seite seines dicken Buches um. Sucht unseren Eintrag von gestern. Legt die Fotos hinein. Schlägt es zu und wir verabschieden uns von einem Mann, dessen Größe die Mauer, an der er lebt, bei Weitem überragt.

„Ihnen alles Gute!"

„Wszystkiego najlepszego!", übersetze ich Rainers Worte.

„Kommen Sie bitte wieder! Auf einen Kaffee."

Wir versprechen nichts, winken und machen uns auf den Weg zum Auto. Zwei Stunden fünfunddreißig bis Łódź. Wenn alles gut läuft. Dann bin ich wieder zu Hause.

Endlich, zurück! Mein Łódź! Ein Jahr habe ich in dieser Stadt gelebt. Mit Jurek Essen ausgefahren und Überlebende unterschiedlicher Ghettos sowie Konzentrationslager besucht. Versucht Polnisch zu lernen und hinter die Kulissen deutsch-polnischer Geschichte geschaut. Habe Stricken gelernt. Seit zwei Jahren war ich nicht mehr in ‚meinem' Łódź und anscheinend hat sich nichts verändert. Die alten, gelben Straßenbahnen scheppern lautstark am Platz Wolności im Kreisverkehr um das große Tadeusz-Kościuszko-Denkmal und die Fahrer stellen die Weichen wie damals noch per Hand um. Mein geliebtes Café Wolność – Kaffee der Freiheit – gibt es immer noch, und so lade ich Rainer auf eine Cola mit herrlichem Blick auf den klassizistisch-oktogonalen Platz Wolności ein. Mein Blick hangelt sich über die Balkonbalustrade im Uhrzeigersinn von Haus zu Haus und bleibt an der sanierungsbedürftigen Fassade der Kirche Zesłania Ducha Świętego hängen. Erinnerungen steigen auf. In dieser Kirche rätselten mein damaliger Mitbewohner Vitus und ich in der hintersten Bank immer um die Wette, welches Evangelium auf Polnisch vorgelesen wurde.

Der Plac Wolnosci (Platz der Freiheit) in Łódź war mein Zentrum, mein Markt. Auf ihm traf ich mich mit Freunde und trank im Kaffee Wolność so einige Liter Kaffee und Cola. Gleich um die Ecke, in der Ulica Pomorska 18, ist die Synagoge von Łódź. Klein. In einem Hinterhof.

Mich beeindruckten die Jugendlichen, die vor der Kirche noch schnell zwei Züge rauchten, den Stummel mit dem Fuß austraten und in der Kirche Rosenkranz beteten. Die Kinder, die sich auf ihre Erstkommunion vorbereiteten und mit dem Pfarrer vorm Gottesdienst Gebete und Lieder übten. Nach dem Gottesdienst setzten wir uns im Sommer immer auf die warmen Steinstufen vorm Eingang und warteten auf Pfarrer Paweł Sudowski. Kam er aus der Sakristei, so schmunzelte er, schlug die Hände wie bei einem Gebet vor der schwarzen Soutane zusammen und kam auf uns zu. Sein Lächeln war so gewinnend, dass ich meist die Sprachschwierigkeiten vergaß und ihm einfach auf Polnisch einen guten Morgen wünschte. Sofort erkundigte er sich, wie es uns in unseren Einsatzstellen gehen würde. Mit unendlicher Geduld versuchte er, unsere Ausführungen auf Polnisch mit den unzähligen Grammatikfehlern zu verstehen. Ermutigte uns, weiter Polnisch zu lernen, da wir es ja bereits schon so gut können würden. Polnische Höflichkeit!

Er selbst sprach, nach eigener Aussage, nur 100 Worte Deutsch. Polnische Bescheidenheit! In Wirklichkeit sprach er fast perfekt. Nur vereinzelt blitzte in seinen Sätzen polnische Sprachlogik durch. Sympathisch.

Blick auf die Uhr. 11.35 Uhr. Super! Heute ist Sonntag und der 10.30 Uhr Gottesdienst am Platz Wolności gerade zu Ende. Rainer trinkt seinen letzten Schluck Cola und wir gehen zur Kirche. Setze mich wie damals mit Vitus auf die warmen Steinstufen vorm Eingang und hoffe mit Rainer auf Pfarrer Sudowski. Bin irgendwie aufgeregt. Vielleicht zelebriert er ja noch eine Messe und kommt gar nicht aus der Sakristei. Vielleicht erkennt er mich auch nicht mehr und ich muss ihm erst auf Polnisch erklären, wer ich bin. Lege mir die Worte mühsam zurecht. Anspannung steigt in mir auf, während Rainer als Tourist neben mir stillschweigend die Sonne genießt. 11.50 Uhr. Er kommt wohl nicht mehr!, geht es mir durch den Kopf, ohne den letzten Funken Hoffnung auf ein kurzes Wiedersehen ganz aufzugeben. Es wäre einfach schön, ihm kurz „Hallo!" zu sagen. Es muss ja auch kein ellenlanges Gespräch werden. Einfach nur ein Hallo. Aber er kommt einfach nicht. Frauen verlassen die Sakristei und vier Jungen, vermutlich Ministranten, gehen hinein. Er hat noch einen Folgegottesdienst. Jetzt bin ich mir sicher!

„Ist er das?", will Rainer wissen und deutet auf einen Mann.

„Ja das ist er!"

In sich gekehrt mit gesenktem Kopf kommt Pfarrer Sudowski aus der Sakristei. Seine schwarze Soutane pendelt bei jedem seiner Schritte hin und her. Ich würde umkommen, wenn ich bei diesem Wetter ein Hemd mit Kollar tragen müsste. Und dann noch schwarz. Bei 32 Grad. Etwas verwundert und erfreut zugleich erkennt er mich wieder. Grinst – fast schon schelmisch.

„Dich kenn' ich doch!", begrüßt er mich schmunzelt auf Polnisch.

„Ja, ich zeige einem Freund gerade Polen und jetzt sind wir hier in Łódź."

„Wie lange bleibt ihr denn in Łódź?"

„Leider nur zwei Tage. Morgen will ich ins Zentrum gehen, in dem ich als Freiwilliger gearbeitet habe."

„Das ist Rainer!", stelle ich Rainer auf Deutsch vor.

„Woher kommen Sie?", fragt Pfarrer Sudowski Rainer im perfekten, fast akzentfreien Deutsch.

„Aus Reutlingen."

„Welche größere Stadt ist in der Nähe?"

„Tübingen."

„Ah, Tübingen. Das kenne ich. Ich spreche nur 100 Worte Deutsch, aber André spricht sehr gut Polnisch." Stimmt zwar nicht, aber man hört es gern.

„Gehen wir auf eine Minute in die Sakristei!"

„Gerne!"

Groß ist die Wiedersehensfreunde. Lächelnd im schummrigen Licht der Sakristei tauschen wir uns über die Veränderungen und Entwicklungen der letzten zwei Jahre aus. Er berichtet vom Neubau des Gemeindehauses sowie den finanziellen Schwierigkeiten bei der Renovierung seiner Kirche und ich von meiner neuen Arbeitsstelle. Rainer versteht nur wie aus einem Maschinengewehr „Tak ... Tak ..." und spricht seitdem sein „erstes" Polnisch: „Tak! Tak!" – „Ja! Ja!" Aus einer Minute in der Sakristei wurde fast eine Stunde. Der Abschied fällt schwer, weil wir beide wohl nicht so genau wissen, wann wir uns wiedersehen werden. „Wenn ihr wieder nach Łódż kommt, ruft mich an und wir nehmen das Auto und ich zeige Euch die Umgebung.", kommentiert er seinen freundschaftlichen Händedruck zum Abschied. Dann geht er vermutlich zum Mittagessen und wir die Ulica Piotrkowska hinauf. Rikschafahrer überholen uns auf einer der längsten Einkaufsstraßen Europas. Radfahren, bei dieser Hitze? Verrückt!

Alles in Łódź erinnert mich an mein Jahr. Jede Hausecke beginnt ihre Geschichte zu erzählen. Sehe mich aus dem grünen VW-Bus aussteigen und Jurek nach dem Hauseingang fragen. An einer Haustür klingeln. Höre mich „Obiad!" sagen. Alles, wirklich alles ist mir so präsent. Rainer fotografiert als Tourist und ich blättere im Album meiner Erinnerungen. Schnee vom Dach des sozialmedizinischen Zentrums geschippt. 40 Zentimeter. Denke an den harten Winter. Schlage in einem Treppenhaus mit voller Wucht gegen eine Wohnungstür. Die Bewohnerin ist schwerhörig, eher taub, und hat den Fernseher so laut gestellt, dass sie mein Hämmern und Obiad schreien im Treppenhaus einfach nicht hört. Wie oft stand ich bei ihr vor verschlossener Tür und wusste nicht, was ich machen sollte. Einfach wieder gehen und ihr Mittagessen wieder mitnehmen? Kann es ja nicht einfach vor ihrer Wohnungstür abstellen. Oder noch ein Versuch? Erinnere mich, wie völlig entgeistert Nachbarn aus ihren Wohnungstüren schauten, um nachzusehen, warum ich fast die Tür der Frau einschlüge. Meist hob ich einfach verlegen den weißen Thermosbehälter hoch und ihnen war sofort klar – Mittagessen. Der Fernseher. Sie hat ihn wieder an.

Denke ich an meine Besuchsdienste zurück, so fällt mir Schwester Judytas Adressbuch ein. DIN A5 groß. Kariert mit selbstgeschnittener Registratur. Alphabethisch. In ihm waren alle Überlebenden – Zeitzeugen – aufgelistet, die über das Zentrum „Obiad" bekamen, oder von den Freiwilligen, also auch von mir, besucht wurden. Das Spannende aber an diesem Buch waren für mich jene Adressen, von denen wir nicht wussten, ob die Personen noch lebten. Um dies herauszufinden, gab es nur eine Möglichkeit. Hinfahren. Klingeln. Fragen. Doch was sagt man an der Sprechanlage? „Schönen guten Tag! Hier ist Schwester Judytha vom sozialmedizinischen Zentrum Maximilian Kolbe. Ich suche Herrn/Frau Sowieso und wollte fragen, ob er/sie noch lebt?“ Mit Schwester Judytha zusammen ging das alles ganz gut. Sie fand immer den richtigen Ton. Als Muttersprachlerin. Stand ich aber alleine vor einer Wohnungstür, so war alles um einiges komplizierter. Das Einfachste von allem war noch auf den kleinen Klingelknopf zu drücken und das kostete mich schon einiges an Überwindung. Am „Tak?“ – „Ja?“ aus der Sprechanlage entschied sich im Bruchteil einer Sekunde meine Souveränität auf Polnisch. Hartes oder schroffes, leicht genervtes „Tak?“ forderte von mir eine kurze und knappe Ansage. Also wurden alle Konjunktive gestrichen. „Guten Tag! Ich arbeite als Freiwilliger im Zentrum Maximilian Kolbe und suche Herrn/Frau Sowieso.“ War es mir gelungen, diesen Satz ohne Fehler möglichst monoton runterzurattern, so summte es kurz an der Haustür, oder ich bekam ein Der-oder-Sie-wohnt-hier-nicht-mehr zu hören.

Klang das „Tak?“ eher wie ein freundlich fragendes Ja, so wurde es für mich noch schwieriger als eh schon. Diplomatie und menschliche Feinsensorik waren gefragt. Auf Polnisch. Ohne Zeit zum Überlegen. Ich versuchte, besonders feinfühlig nach den Personen zu fragen. Konjunktive und Grammatikfehler häuften sich in meinen Sätzen. Dialoge entstanden. Keine von der Stange. Wurde mir die Tür geöffnet, so war ich nicht ein Deutscher, der eine historische Hypothek zu tragen hatte, sondern jemand, der sich für einen Menschen interessierte. Sprachliche Probleme wurden mit vollllöslichem Kaffee der Angehörigen am Kranken- oder auch am Sterbebett einfach runtergespült.

Rainer will ein Eis. Standard. Drei Kugeln in der Waffel. Schleckend gehen wir die Ulica Piotrkowska hinauf. Rainer als Tourist und ich als Heimkehrer auf Zeit. Łódź, wie hab ich Dich vermisst!

Montag. Tag zwei in Łódź! Eigentlich müsste ich mit Rainer in einer der wackligen und scheppernden Straßenbahnen zum sozialmedizinischen Zentrum des Maximilian-Kolbe-Werkes fahren. So wie damals, als ich mich im Winter über die Verspätungen aufregte und mir im Sommer nichts Sehnlicheres wünschte als eine Klimaanlage in der Tram. Nein, wir sitzen bei 35 Grad Außentemperatur im klimatisierten Auto und kämpfen uns durch den Verkehr. Je näher wir dem Zentrum kommen, desto klarer werden die Erinnerungen. Zu Beginn meines Jahres befand sich das Zentrum noch in der Ulica Tatrzańska. Im Süden der Stadt. Eigentlich bestand das damalige Zentrum nur aus zwei Barackenblöcken. Im rechten Winkel zueinander gebaut. Flachdach mit Dachpappe gedeckt. Schwarz geteert. Fassade in Crème. Was von außen provisorisch aussah, überzeugte im Inneren mit Herzlichkeit. Mehrmals in der Woche kamen ein Arzt oder eine Ärztin ins Zentrum, um die alten Menschen zu untersuchen. Schwester Judytha nahm sich den großen und kleinen Sorgen als Krankenschwester an. Für manche Schmerzen gab es keine Medikamente. Half keine Infrarotbestrahlung. Aber zwei Tassen Tee und Zeit. Sie hörte zu. Versuchte zu verstehen und strich tröstend über die Schulter vieler. Schwester Ewa koordinierte und organisierte unterdessen und war oft der Grund, warum manche Dinge im allerletzten Moment doch noch klappten.

Ich werde nie vergessen, wie Ania, die Sekretärin des Zentrums, mir Konfektionslisten gab. Ich nach ihnen Winterhilfspakete für die Ukraine packte: 30 Kniewärmer, 100 Tabletten Aspirin, 45 Beckenwärmer, drei Tuben Créme für die Beine und 500 Vitamin C Tabletten. Oft hatten wir im Zentrum gar nicht so große Kartons und so organisierte ich leere Bananenkisten vom nahegelegenen Obst- und Gemüsemarkt.

Das Geduldsteam des Maximilian-Kolbe-Werkes vor dem alten Zentrum in Łódź von links nach rechts: Anna Wscislowska, Edwarda Pawla, Schwester Ewa Tonacka, Anna Piekielniak, Schwester Judyta Ludkiewicz, Jan Malec, Grazyna Krajewska, Wolfgang Gerstner und ich

Dr. Małgorzata Ossowska kennt als Internistin die Symptome des sogenannten KZ-Syndroms gut. Viele der Überlebenden, die zu ihr im sozialmedizinischen Zentrum des Maximilian-Kolbe-Werkes in die Sprechstunde kommen, leiden an Traumatisierungen, an den Spätfolgen der Misshandlungen sowie des extremen Hungers im Konzentrationslager oder Ghetto.

Und dann ist da noch Pan Janek. Ich mochte ihn von der ersten Minute an. Seine Gesichtszüge erinnerten mich an Nobert Blüm. ‚Norbert' schien mein Polnisch auch dann zu verstehen, wenn dies bei den ganzen Fehlern eigentlich unmöglich war. Ach Pan Janek-Blüm!

In den letzten Monaten, glaub' sogar im letzten Monat meines Jahres, zog das gesamte Zentrum von der Ulica Tatrzańska in die Ulica Sienkiewicza um. Wie oft ist Jurek mit dem grünen VW-Bus, bepackt bis unters Dach, quer durch die Stadt hin- und hergefahren. Wie viele Kisten schleppten wir von A nach B. Die Behandlungsliegen wogen eine gefühlte Tonne. Der Umbau der neuen Räume fürs Zentrum verzögerte sich, doch irgendwie schaffte es Schwester Ewa, dass wir für die Übergangszeit im gleichen Haus einen Raum mit Küche bekamen. In den neuen Räumen hämmerten und klopften die Handwerker, verlegten Strom- und Wasserleitungen und nebenan in unserem Zentrumsraum auf Zeit röchelte der Wasserkocher, und bei einer Tasse Tee oder Kaffee ist die Welt in Polen immer in Ordnung.

„Wir sind da!" Rainer parkt auf dem Hof vorm Zentrum. Hastig springe ich aus dem Auto und lasse vor lauter Aufregung die Beifahrertür offen. Klingle. „Tak, Słucham!" „Ja, ich höre!" Eine Frauenstimme. Es ist die gute Seele des Zentrums. Pani Anna. „Ja jestem Adrzej!", sage ich und drücke gleichzeitig gegen den Türknauf. Die Tür springt auf. Nehme zwei Stufen auf einmal und stehe im Türrahmen des Zentrums. Schaue in die strahlenden Augen von Pani Anna. „Komm' rein! Kaffee oder Tee?", fragt sie, als wenn ich nie weggewesen wäre. Rainer kommt nach und so sind es zwei Tassen Kaffee und eine Tee. Sofort bin ich wieder Freiwilliger im Zentrum. War ich jemals wirklich weg?

Die neuen Räume sind sehr schön geworden. Hell. Pastell, aber nicht kitschig. Alles passt farblich zusammen. Im Hintergrund das große Bild von Pater Maximilian Kolbe, dem Namensgeber des Zentrums. Ania, die Sekretärin, und Jurek kommen ins Zentrum. Nach den obligatorischen Fragen, wie es mir gehe, was ich jetzt so machen würde und ob ich eine Freundin hätte, erfahre ich kompakt alle Neuigkeiten. Pan Franciszek O. ist verstorben und Pan Marian W. lebt bei seiner Tochter auf dem Land. Er kommt nicht mehr ins Zentrum. Wie gerne hätte ich beide wiedergesehen. Sicher hätte sich Pan Marian wieder mit dem Zeigefinger an die Stirn getippt und mich gefragt: „Kopf?". Ich mochte das schelmische Blitzen seiner Augen. Die Art wie er seinen Gehstock gegen den Tisch lehnte, die Brille mit dem Zeigefinger ein Stück auf dem Nasenrücken nach oben schob, wie er sich mit der flachen Hand die Haare glatt strich.

Dass Pan Franciszek O. gestorben ist, macht mich sehr traurig. Oft brachte ich ihm das tägliche Obiad vorbei. Stehend im Wohnungsflur begrüßte er mich immer mit einer unglaublichen väterlichen Herzlichkeit. Winkte mich in die Wohnung. Legte mir die rechte Hand auf die Schulter und fragte mich, wie es mir gehen würde. Wir waren wie Kumpels zueinander, wenn auch nur für wenige Minuten in den Begegnungen. Seine Frau hatte als kleinen Dank fürs vorbeigebrachte Mittagessen immer etwas für mich. Mal zwei kleine Stückchen Schokolade. Mal eine Handvoll Weintrauben oder schwarze Johannisbeeren. War ich zum Kaffee bei ihnen eingeladen, so dauerte es nicht lange und er sprach von Dachau. Unterdrückte die Tränen und winkte mit der Hand ab. Seine Frau schenkte Kaffee nach. Oh Franciszek! Sein Tod wirft in mir Fragen auf. Wie wird in Zukunft die Arbeit gegen das Vergessen aussehen, wenn alle Zeitzeugen des Holocaust verstorben sind? Eine Begegnung einfach nicht mehr möglich ist? Geschichte sich durch Quellen, Briefe, Exponate in Vitrinen objektiviert und das persönliche Berichten begraben ist? Als was werden kommende Generationen den Holocaust wahrnehmen? Als eine Unterrichtseinheit? Als ein Damals?

Es klingelt. Telefon! Ania nimmt ab. Spricht für meine Ohren in achtfacher Geschwindigkeit. Polnisch. „Für dich!", gibt Ania mir den Hörer. Wer weiß bitte, dass ich in Łódź, hier im Zentrum bin?

„Hallo? Ja?", frage ich zögerlich in den Hörer.

„Hier ist Schwester Judyta. André, wie geht es dir?"

„Judyta, gut! Wann kommst du heute ins Zentrum?"

„Ich arbeite seit einer Woche in einem Krankenhaus für Augen in Katowice. Ich bin nicht mehr im Zentrum. Schade, dass wir uns nicht sehen können. Schade, aber naja, so ist es."

Die Nachricht sitzt. Ehrlich gesagt hatte ich mich sehr auf ein Wiedersehen mit Schwester Judyta im Zentrum gefreut. Katowice! Wo bitte ist das? Begossen von der Nachricht trinke ich meinen Kaffee. Sehe in den Gesichtern der Anderen im Zentrum, dass auch sie Schwester Judyta vermissen. Was hätte ich in meinem Jahr nur ohne Schwester Judyta gemacht. Gerade zum Beginn übersetzte sie fast alles. Sie war für mich so etwas wie ein sprachlicher Schlüssel in den ersten Besuchsdiensten. Sprach man zu mir auf Polnisch, genügte es, sie fragend anzuschauen und die Übersetzung im fast fehlerfreien Deutsch erfolgte prompt. Als Salvatorianerin war sie im Zentrum mehr als nur Ordensschwester im grauen Werktagshabit. Judyta war einfach Mensch. Sie wusste, wie es einem wie mir gehen musste, der die Sprache nicht spricht. Sie erst lernen muss. Silbe für Silbe sprach sie mir wie ein Logopäde die Wörter vor. „Das SCH mehr wie ein Tsche!" Warum ist Polnisch nur so schwer? Und jetzt soll Schwester Judyta hier nicht mehr arbeiten? Ich denke, das war keine gute Entscheidung. Von wem auch immer. Wo liegt Katowice?

Lachte Judyta, so vergaß ich, dass ich eigentlich in Polen war, die Sprache nicht richtig konnte. Sie übersetzte, was ich nicht verstand, und wiederholte Worte solange, bis auch ich sie so einigermaßen verständlich aussprechen konnte. Judyta, die Geduld im Habit.

„André! Oh André“, kommt Pan Janek ins Zentrum und reißt mich aus meiner Tristesse. Sofort denke ich wieder an Nobert Blüm. Pan Janek streckt sich etwas nach oben und schließt mich in seine Arme. Er ist der Einzige, der meinen Namen deutsch ausspricht und mich nicht Andrzej oder gar Andrzejku nennt.

„Ich freue mich so dich wiederzusehen. Wie geht es dir? Ich freue mich so!“, sprudelt es auf Polnisch aus ihm heraus.

„Wie geht es Ihnen?“, frage ich zurück.

„Ach! Mal so und mal so“, übersetze ich Rainer.

„Wo wohnst du jetzt? Hast du Arbeit?“, fragt Pan Janek und rückt seine Hosenträger mit den Daumen zurecht.

„Ich wohne in der Nähe von Stuttgart und arbeite in einer Werbeagentur.“

Alles, was Pan Janek sagt oder tut, trägt für mich eine unglaubliche Ehrlichkeit, Ungeschminktheit, in sich. Seine Bewegungen sind nicht inszeniert. In seinem Lächeln, in seinen Augen liest man zwischen den Zeilen und so versteht auch Rainer seine Wiedersehensfreude. Pan Janek hat heute Urlaub und trotzdem ist er im Zentrum. Möchte mit ihm so viel Zeit wie möglich verbringen. Lade ihn und Rainer zum Essen auf der Ulica Piotrkowska ein. Ich kann es nicht beschreiben, doch jeden Moment sauge ich in mich auf. Möchte von seiner Ehrlichkeit lernen.

Neuer Tag. Rainer tippt mit dem Zeigefinger Katowice in das Navi ein. Wieder Autobahn. Mautpflichtig. Knapp drei Stunden. Aber wo wohnt oder arbeitet Judyta? Keine Ahnung. Wir fahren einfach mal los.

„Rainer, halt' mal an einer der nächsten Tankstellen. Ich will mal Schwester Judyta anrufen und ihr sagen, dass wir auf einen Kaffee vorbeikommen.“

„Aber lass uns nicht zu lange in Katowice bleiben. Wir wollen heute noch nach Krakau. So ein Stündchen, oder so!“

Tankstelle. Rechts blinken. Abbiegen. Telefonzelle. Karte rein. Schwester Judyta weiß nicht, dass wir auf dem Weg zu ihr sind. Aufgeregt tippe ich Judytas Nummer. Warum nimmt sie nicht ab? Komm geh‘ schon ran! Rainer wartet im Auto.

„Ja?“

„Hier ist André. Ich bin auf dem Weg nach Katowice. Hast du Zeit? Nur auf einen Kaffee. Ich würde dich so gerne wiedersehen“, überfalle ich sie.

„Ich bin heute nicht in Katowice. Ich bin zu Hause bei meinem Bruder in Bielsko Biała. Weißt du, wo das ist?“

„Nein, aber wir haben ein Navi im Auto.“

„Von Katowice bis Bielsko Biała ist es aber noch weit.“

„Wir kommen!“, sage ich einfach, ohne Rainer gefragt zu haben.

„Ruf an, wenn du da bist!“, notiere ihre Adresse. Schwester Judyta buchstabiert auf Polnisch.

Neue Zieleingabe. Bielsko Biała. Autobahn. Immer dem blauen Pfeil auf dem Display nach. Wie so oft als Beifahrer schlafe ich ein und bekomme von der gesamten Autofahrt nichts mit. „… und Sie haben Ihr Ziel erreicht.“, höre ich dumpf im Halbschlaf. „André, ruf sie mal an!“. Rainer gibt mir sein Handy. Brauche dringend einen Kaffee! Müde tippe ich ihre Nummer ins Handy. Rainer parkt. Träge von der Fahrt steige ich aus und schon läuft mir Schwester Judyta im grauen Habit entgegen. Ich weiß nicht, was ich sagen soll, und schließe sie einfach in die Arme. Sagen nichts.

Schwester Judyta ist in Bielsko Biała aufgewachsen und so besteht sie darauf, uns ihre Stadt zu zeigen. Schlendernd zeigt sie uns auf einem kleinen Rundweg die Gassen, durch die sie als kleines Mädchen schon lief. Ihre Kirche. Erzählt uns von den grauen Ecken, die heute frisch getüncht touristisch strahlen. Holt ein Damals, das wir nicht kennen können, ins Heute und freut sich einfach. Mit jedem Satz versucht sie, der gemeinsamen Zeit Macht abzuringen und unser Wiedersehen zu verlängern. Zu verlängern, bis wir wieder am Auto angekommen sind. Ich einsteige. Rainer den Motor startet und sie im grauen Habit winkend im Rückspiegel hinter der Kurve verschwindet. Ich schweige. Tausend Gedanken steigen auf. Fragen, die ich sie nicht fragte.

„André, alles okay?"

„Nicht wirklich!", will jetzt nicht reden. Keine Fragen von Rainer gestellt bekommen.

„Ich habe einen Vorschlag. Ich würde auf dem Weg nach Krakau über Auschwitz fahren. Ich möchte es mir ansehen. Wer weiß, wann ich wieder mal hierher kommen werde."

Eigentlich ist mir gerade alles zu viel. Meine ganze Reise durch Polen eine Aneinanderreihung von intensiven Momenten. Begegnungen. Nachrichten. Ich brauch' irgendwie mal Zeit, um alles setzen zu lassen. Ein Tag am Meer wäre toll. Nur auf dem Handtuch liegen. Sich die Sonne ins Gesicht scheinen lassen und Rainer will jetzt nach Auschwitz.

„Okay, fahren wir hin. Auschwitz ist sehr belastend. Kein Ort, den man einfach so mal auf der Durchfahrt mitnimmt."

„André, ich habe mir bereits Dachau angesehen."

Als was oder wer fahre ich eigentlich nach Oświęcim, wie der Ort richtig heißt? Als Tourist, der sich etwas ansehen will? Jung ist und mit dem Ganzen eigentlich nichts mehr zu tun hat? Der sich ja somit auch nicht schuldig fühlen muss. Oder? Als emotional Betroffener, der über die menschlichen Abgründe der Geschichte verstummt? Als Deutscher? Nehme vom Rücksitz eine Flasche Wasser mit Apfelgeschmack und trinke einen

Schluck. Lauwarm. Auschwitz, welcher Teufel hat dich erschaffen? Gott, wo warst du? Hat Auschwitz dich in deine Grenzen verwiesen? Trotz genügend Beinfreiheit beginnt mich das Auto, in dem ich sitze, einzuengen. Mein Geist schreit nach Luft und nicht nach weiteren Eindrücken. Straßenschilder mit Kilometerangaben ziehen an uns vorbei und ich beginne, Gott zu hinterfragen. Darf ich das? Ich mach's einfach. Gott, wenn du das bist, an das ich glaube, dann verzeihe mir, dass ich dich im Zusammenhang mit Auschwitz nicht verstehen kann. Sie haben nach dir geschrien. Müttern wurde deine Schöpfung aus den Armen gerissen. Kinder zum Tode verurteilt. Hast du gesehen, wie steife Leichen auf den Haufen geworfen wurden? Ihre Hoffnungslosigkeit als Rauchsäulen zu dir in den Himmel aufstieg? Es Asche regnete? Wo warst du in Auschwitz? Hast du dein Volk aus der Knechtschaft Ägyptens herausführen lassen, um es in Auschwitz oder in anderen Höllen vernichten zu lassen? Gott, du hast in deinem Sohn den Tod überwunden, bist von den Toten auferstanden. Hättest du nicht irgendetwas tun können? Müssen? Entschuldigung, zu juristisch gefragt! Bin von meinen eigenen Gedanken überfordert. Möchte einfach nicht mehr denken. Keine weiteren Fragen. Stelle das Autoradio an. Nachrichten. Auf Polnisch. Verstehe zu wenig, als dass sie mich interessieren würden. Kreisverkehr. Noch zehn Kilometer bis Auschwitz, laut Navi.

Auschwitz heute bist du eine Gedenkstätte. Wenige Zeitzeugen leben noch. Sie werden alle sterben. Und dann? Wirst du dann ein Museum sein? Müssen dann die menschlichen Bezüge der historischen Forschung weichen? Beginnen dann Zahlen und nicht mehr Menschen zu sprechen? Auschwitz, du darfst nie beginnen, etwas auszustellen. Es geht nicht um den Koffer auf dem „Kleinkind" steht. Nicht um ein spezielles Paar Schuhe oder Prothesen in einer deiner Großraumvitrinen. Es geht um die Geschichte dahinter. Um die Absurdität, ein Kind zu vergasen, das eigentlich auf der Straße mit anderen spielen müsste. Um die Idiotie einer Rassentheorie. Der millionenfache Mord. Wie werden wir zukünftig über diesen Teil der Geschichte sprechen oder ist mit dem Sterben des letzten Zeitzeugen unsere historische Hypothek als Deutsche endlich abbezahlt? Wohl kaum.

WEITERE BÜCHER AUS DEM ACABUS|VERLAG

Luis Stabauer

Der Kopf meines Vaters
Wien von der NS-Zeit bis zur Gegenwart
Eine Zeitzeugin erzählt

ISBN: 978-3-941404-08-3
EUR 15,90
ACABUS Verlag September 2009

Alois Springer

... und Olkowitz liegt doch am Meer
Schönheit ist des Teufels
Autobiografie eines Dirigenten

ISBN: 978-3-86282-012-2
EUR 16,90
ACABUS Verlag März 2011

Kay Weniger

'Es wird im Leben dir mehr genommen als gegeben ...'
Lexikon der aus Deutschland und Österreich emigrierten Filmschaffenden 1933 bis 1945

ISBN: 978-3-86282-049-8
EUR 64,90
ACABUS Verlag November 2011